通勤大学 図解◆速習

論語
◎仁ノ巻◎

イブロー武蔵◆著

SOGO HOREI
PUBLISHING CO., LTD

まえがき

論語を身につけたいとずっと思ってきた。

なぜなら、私の好きな日本の歴史上の人物や尊敬する人、そして師と仰ぐ人たちのほとんどが論語を自分のもの、自分の生きる力にしているのがわかってきたからだ。

論語はおよそ二千五百年前に中国で活躍した孔子とその弟子たちの言行録である。

日本に入ってきたのは、正確にはわからないが、鎌倉時代には公家のみならず武士の間でも広く読まれるようになっていたようだ。戦国時代の覇者となった徳川家康も自分の生きる指針として、論語をしっかりと身につけていたのである。そして、江戸時代には武士階級のみならず商人、町人、農民にまで浸透していった。幕末の英雄、西郷隆盛は下級武士であったが論語を人格形成の核として学んでいた。

明治期に活躍した日本の資本主義の父とも言われる渋澤栄一は農民の出だが、父から論語をたたき込まれ、その精神をビジネスの世界で活用した。「論語とそろばん」という彼の言葉は有名である。

こうして、論語が日本人の血となり肉となっていったことの効果は計り知れないくらいに大きかったと言えよう。武士道の教えの中核ともなり、また、明治以降の資本主義の奇跡的発展の原因ともなった。渋澤栄一は、日本が日露戦争に勝てたのは論語教育のおかげだと言い、渡部昇一氏は、戦後の復興も論語の影響が大きかったと推察されている。

一方、論語の母の国である中国においては、科挙の試験科目として重視されたものの、一般の人に読まれることは少なかったようだ。さらに、毛沢東の登場により、論語は完全に置き忘れられた形となっている。しかし最近では、中国でも資本主義経済の進展とともに、論語を学ぶ人たちが増えているという。当然のことである。論語教育が今後の中国の行方をも左右するのではないかと思われてしかたがない。

さて、今まで私が出会った欧米人で「この人は」という人は、やはり例外なく聖書の一語一句が血肉にまで沁みこみ、彼ら自身の生き方、考え方にまで昇華されているような人が多かったように思う。彼らにとっての聖書は出発点であり、終着点でもあったのだろう。東洋においては彼らのような強烈な宗教は存在しなかったかもしれないが、論語がその底流をなしてきたことはまちがいない。

私はと言えば、歴史上の人物や尊敬する人、師と仰ぐ人に少しでも近づきたいという思いで論語に取り組んできたものの、まだまだだと感じている。それどころか「論語読みの論語知らず」の言葉に示すところに陥らないようにするだけでせいいっぱいの毎日でもある。

しかし、この取り組みの中で一つだけ確信していることがある。

それは、これからの日本の国力、また一人一人の人生の生きる力を大きくするのには、論語が最も適していると。

渋澤栄一や渡部昇一氏の言うように、日本において精神的なバックボーンになったことのある論語を、もう一度出発点として血肉にしてはどうであろうか、というのが私の提案である。

今回は拙著『生きる力が身につく論語　三六五話』で取り上げた章すべてを〝仁〟〝義・礼・智〟の四つに分けてみた。これは儒教の世界では孔子についで重要な人物である孟子の〝四徳〟と同じ考えでもあるが、なにより日本人には一番、分かりやすい、身近な分け方ではないかと考えたからである。中でも本書〝仁ノ巻〟は「真のリーダーになるための」ものと意味づけて再編成してみた。

こうして方向性の違う四つの光を孔子をあててみると、日本人にはさらによく伝わってくるものがある、というのが私自身の感想であるが、皆さまはどう思われるだろうか。

ハイブロー武蔵

目次

学而　第一

□口がうますぎないか。　12
□無駄なことにお金をかけすぎていないか。　13
□政治に無関心となっていないか。　14

為政　第二

□人の上に立つとき、下を思いやる心を忘れていないか。　18
□融通のきかない人となっていないか。　19
□恐怖や罰則で人を従わせようと考えていないか。　20
□まず実践しようと考えているか。　22
□決まった人たちとばかり群れていないか。　23
□上に立つ者は、自ら正しいことをよく実践しているか。　24
□登用する人材をまちがえていないか。　26

八佾　第三

□すべてのよいものは愛と思いやりから生まれるのを理解しているか。　28

里仁　第四

□失敗に学んでいるか。　30
□責任逃ればかりしていないか。　31
□譲り合う心を失っていないか。　32
□地位、肩書きにこだわっていないか。　33
□自分を貫く生き方を持っているか。　34
□自分を信じているか。　35

公冶長　第五

□立派な人格者とつき合い、そしてその人に学んでいるか。 38
□自分の持てる才能を伸ばしているか。 39
□他人を低く評価しすぎていないか。 40
□人それぞれの能力を見つけているか。 41
□どんな人からも学ぶ姿勢があるか。 42
□相手の都合や立場をよく理解しようとしているか。 43
□積極的な向上心を持っているか。 44
□相手の長所を見つづけることができるか。 46
□若い人にもなつかれているか。 47

雍也　第六

□自分自身に大まかになりすぎていないか。 50
□人を思いやる心を継続できているか。 51
□適材適所を怠っていないか。 52
□日々の健康と生活に感謝しているか。 54
□人としての自然の人情を失っていないか。 55
□まず他人に役立つことをしているか。 56
□軽率者となっていないか。 57
□自分のまわりの人に役立っているか。 58

述而　第七

□自分をあきらめていないか。 60
□くよくよ、びくびくしていないか。 61
□窮屈な人間となっていないか。 62

泰伯　第八

□よい言葉を使い、よい表情をしているか。 64
□包容力と強い意志を兼ね備えているか。 65

□仲間から信頼されているか。 66
□実力があるのに傲慢、ケチな人間となっていないか。 67
□信義・誠実の心があるか。 68

子罕　第九

□世の中に役立つ仕事をして利益を得ているか。 70
□相手のまごころにまごころで尽くせるか。 71
□多能多芸を誇りすぎていないか。 72
□異性への関心が度を過ぎていないか。 74
□迷っていないか。心配していないか。恐れていないか。 75

先進　第十一

□言うことだけ立派でないか。 78
□友人を信じられるか。 79
□ごまかし上手ではないか 80

顔淵　第十二

□まずは自分から実践しようと思えるか。 82
□自分のして欲しくないことを人にしていないか。 84
□話す言葉を控えめにしているか。 86
□自分の心にやましいことはないか。 88
□信義、道徳が社会で一番大切なことだと知っているか。 90
□正しい人を上に立てているか。 92
□人の告げ口に振り回されていないか。 94
□他人の美点を認め、成功を願えるか。 95
□高め合えるよいグループに入っているか。 96

子路　第十三

□正しいことを飽きずに続けられるか。 98
□人材を登用しているか。 99
□地位や肩書きに甘んじていないか。 100
□自分の周りの人たちを喜ばせられるか。 102
□目の前の小さな利益に惑わされていないか。 103
□いつでも仁の心、誠実な心を忘れないでいるか。 104
□物欲に振り回されていないか。 105

憲問　第十四

□他の人に何でも勝とうとしていないか。 108
□正しい道に戻れるか。 109
□徳ある人格者をめざしているか。 110
□視野を広げて観察できているか。 111
□どれだけ世の中に貢献できているのか。 112
□不運を嘆き、天を恨んでいないか。 114

衛靈公　第十五

□正しい道を守るためには身を犠牲にできるか。 116
□できる人たちの近くにいるか。 117
□自分が責任を負っているか。 118
□人の言葉をまったく無視していないか。 119
□知識・智略におぼれていないか。 120
□仁の道、思いやりある生き方を避けていないか。 122
□小さな仕事で満足していないか。 123
□徳の実践を遠慮していないか。 124

季子　第十六

□思慮を広く、深くめぐらしているか。 126

陽貨　第十七

□失言したらすぐ訂正できるか。 130
□中味もないのに偉そうにしていないか。 131
□リーダーの心得を学んでいるか。 132
□人の欠点を言いふらしていないか。 134

微子　第十八

□年配者に気くばりを忘れていないか。 138

子張　第十九

□多くの趣味に入れ込みすぎていないか。 142
□真剣に生きた学問をしているか。 143
□器を大きくしているか。 144
□中味より見かけが立派すぎないか。 145
□自分の過ちを隠していないか。 146

◎ 学而　第一 ◎

1

子曰く、巧言令色《こうげんれいしょく》には、仁鮮《すく》なし。

孔子は言った。口がうまくて、人に媚びたつくり笑いをする人間に、仁の徳のある者はめったにいない。

口がうまくて、お世辞を言ったり、おべっかを使う人は信用ができないことが多い。また、人に媚びるようなつくり笑いをして相手に取り入るようにする者も同じである。誠実な人柄で正直な物言い、態度の人こそよい人であると見ていい。

□口がうますぎないか。

仁の徳のある人はめったにない

口がうまい人

つくり笑いをする人

2

子曰く、千乗《せんじょう》の国を道《おさ》むるには、事《こと》を敬《つつし》みて信あり、用《よう》を節《せっ》して人を愛し、民を使うに時を以てす。

孔子は言った。諸侯の大国をよく治めるには、事業を控えめにして行い、公約を守り、経費を節約し、税を軽くして人々を大切にし、公役に使う時も、農時を避けるなど時期を選ばなくてはいけない。

よい政治というものは、国民の負担をできるだけ軽くして国民を大切に扱うことである。そのために事業は必要最小限度にして、税も少なくしなくてはいけない。

□無駄なことにお金をかけすぎていないか。

よい政治とは…

❶ 企業は控えめに

❷ 公約を守る

❸ 経費を節約・税を軽く

❹ 企業は控えめに

3

子禽《しきん》、子貢《しこう》に問うて曰く、夫子《ふうし》の是《こ》の邦《くに》に至るや、必ずその政《まつりごと》を聞く。之《これ》を求めたるか、抑《そもそ》も之《これ》を与えられしか。子貢《しこう》曰く、夫子《ふうし》は温良恭倹譲《おんりょうきょうけんじょう》にして以て之《これ》を得たり。夫子《ふうし》の之《これ》を求めしや、其《そ》れ諸《こ》れ、人の之《これ》を求むると異なるか。

子禽が子貢にたずねた。孔先生はどこの国に行かれても、必ず政治について相談をお受けになられます。これは先生から求められたのでしょうか、それとも、その国の君主たちから持ちかけてきたのでしょうか。子貢は答えて言った。先生は温厚、善良、恭順、倹約質素、謙譲の五つの徳を備えておられるから、自然に相談を持ちかけられるのである。先生は政治をよくしたくて諸国をめぐられたから、自分から求めたとも言えなくはないだろうが、普通の求め方とはかなり違ったものと言えるのではないだろうか。

孔子の性格がよくうかがえるとともに、政治への取り組み方もわかる。孔子は世の中をよくするために、政治をあきらめたり評論だけで済ますことはできなかった。よい君主がいない乱世の時代ではあったが、自分の生き方を曲げることなく、できる範囲でかかわり、貢献していこうとしていた。

□政治に無関心となっていないか。

孔子はなぜ
いつも政治について相談を受けるのか？

❶ 温厚
❷ 善良
❸ 共順
❹ 倹約・質素
❺ 謙譲

◎　為政　第二　◎

4

子曰く、政《せい》を為すに徳を以てすれば、譬《たと》えば北辰《ほくしん》の其の所に居《お》りて、衆星《しゅうせい》の之《これ》に共《むか》うが如し。

孔子は言った。政治をするには徳を持ってすることが必要である。その徳を国民が慕い仰ぎみるのは、たとえると北極星がその位置に定まっていて、その他の多くの星がそれを中心にして回るようなことである。

孔子の政治の理想は、徳のある者による徳治政治であった。特に仁の徳を持った者が政治を担当してほしいと考えた。つまり、愛と思いやりの実践できる人である。

□人の上に立つとき、下を思いやる心を忘れていないか。

5

子曰く、君子は器《き》ならず。

孔子は言った。君子（立派な人格者）たるもの器械のようであってはいけない。広く、柔軟でなくてはいけない。

融通のきかない機械のような人間は、心のないつまらぬ者である。人に信頼されるに足る人は、心を広く自由にして、そのうえで最適の行動を考えて行うものである。

□融通のきかない人となっていないか。

6

子曰く、之《これ》を道《みちび》くに政《せい》を以てし、之《これ》を斉《ととの》うるに刑《けい》を以てすれば、民免《たみまぬか》れて恥《はじ》なし。之《これ》を道《みちび》くに徳を以てし、之《これ》を斉《ととの》うるに礼を以てすれば、恥ありて且《か》つ格《ただ》し。

孔子は言った。国民を導くのに法律、命令だけで行い、統制するのに刑罰を用いるならば、国民は抜け道を考えて、それを恥ずかしいとも思わなくなる。国民を道徳によって導き礼で統制していくならば、国民は羞恥心を持つようになり、そして正しくなっていく。

いつの時代においても、社会は法の適用だけで円滑に動くものでもなく、治安も守られない。政治においても道徳や礼の心をなくした時、退廃した世の中となっていくにちがいない。

また、これは国のみならず、会社などの組織においても当てはまると言えるだろう。

□恐怖や罰則で人を従わせようと考えていないか。

・法律、命令だけで導く
・刑罰だけで統制する

▼

抜け道を考え、恥ずかしいとも思わなくなる

・道徳によって導く
・礼で統制する

▼

羞恥心を持つようになり、正しくなっていく

7

子貢《しこう》、君子を問う。子曰く、先《ま》ず其の言《げん》を行い、而《しか》る後《のち》にこれに従う。

子貢が君子（立派な人格者）とはどういう人かと聞いた。孔子は言った。まず行う人のことだ。言葉は、その後に発するような人である。

口先ばかり達者な人間に本物の人物はいない。私たちが信頼できるよい人とは、実践が伴っている人でなくてはならない。まず実践である。

□まず実践しようと考えているか。

8

子曰く、君子は周《しゅう》して比《ひ》せず、小人《しょうじん》は比《ひ》して周《しゅう》せず。

孔子は言った。君子（立派な人格者）は人と広くつき合い、人のつき合いに偏ることはない。つまらない人間というのは、特定の人と群れて人と広くつき合うことができない。

魅力的な人物、立派な人物は、狭い度量で自分の都合のいい人とのみつき合うようなことはしない。反対にすぐ派閥をつくったり、群れたりするのは人物としては低レベルと見てよい。

□決まった人たちとばかり群れていないか。

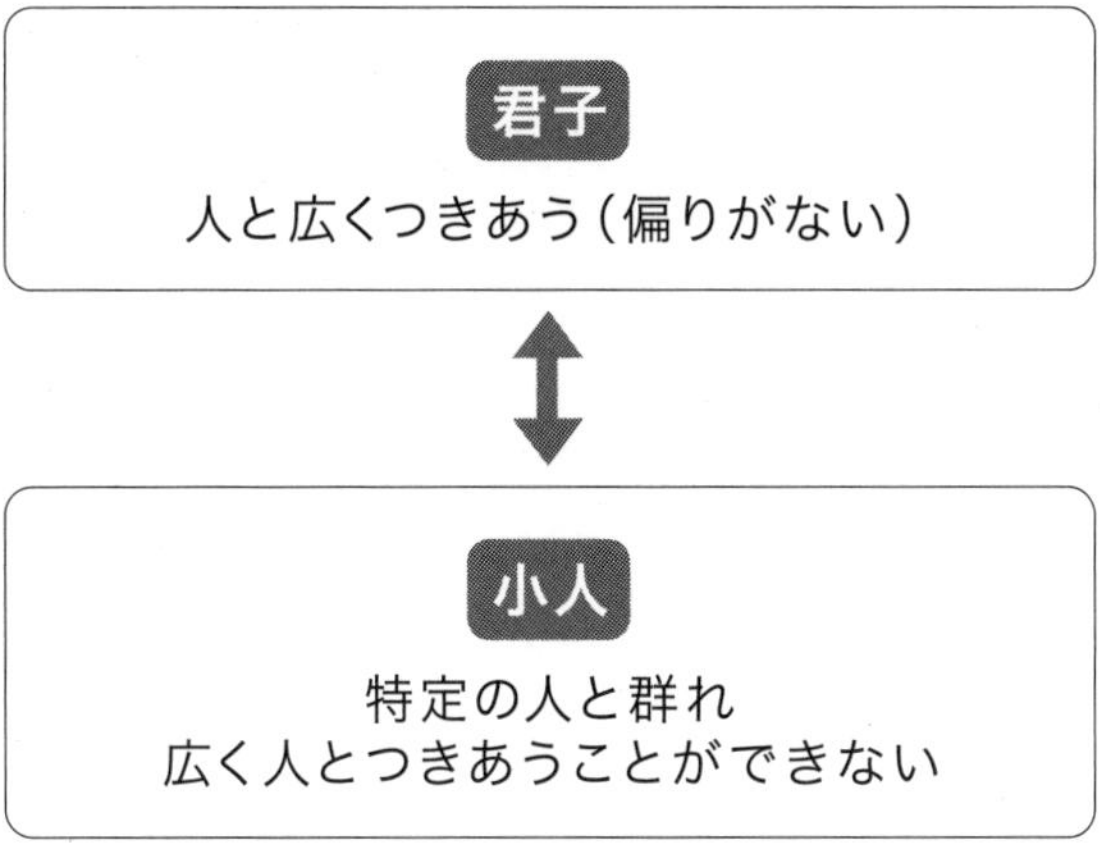
君子
人と広くつきあう（偏りがない）
小人
特定の人と群れ
広く人とつきあうことができない

9

季康子《きこうし》、民をして敬忠《けいちゅう》にして、以て勧《すす》ましめんにはこれを如何《いかん》せんかと問う。子曰く、之《これ》に臨むに荘《そう》を以てすれば則ち敬《けい》し、孝慈《こうじ》ならしむれば則ち忠なり。善を挙げて不能を教えしむれば則ち勧《すす》まん。

人の上に立つ者は、自分を反省するより先に他人の人間性や無能さを批判し、変えたがることに陥りやすい。このことを季康子に戒め、まず自らが率先垂範して正しい道を進むべきことを教えている。

□上に立つ者は、自ら正しいことをよく実践しているか。

魯の大夫である季康子が、どうすれば国民が君主を尊敬して忠義をつくし、勤勉に働くようになるだろうか、とたずねた。孔子は言った。君主が言行を正しくして威厳を持ってのぞめば、国民から敬われるようになるでしょう。君主自ら親に孝行し、国民に慈愛深くしていると、国民も忠実となっていくでしょう。善人を登用し、能力の及ばない者を教えていけば、国民は仕事に励むようになるでしょう。

上が言行を正しく威厳を持ってのぞむ

▼

上を敬うようになる

上が親に孝行し、下に慈愛を深くする

▼

下が忠実になる

上が善人を登用し、能力の及ばない者を教えていく

▼

下は仕事に励むようになる

10

哀公《あいこう》問うて曰く、いかにすれば則ち民《たみ》服《ふく》せん。孔子対《こた》えて曰く、直《なお》きを挙げて、これを枉《まが》れるに錯《お》けば則ち民服せん。枉《まが》れるを挙げて、これを直《なお》きに錯《お》けば、民服せざらん。

魯の哀公がたずねた。「どうすれば国民は心服するだろうか」。孔子は言った。まっすぐで誠実な人を登用して、曲がってよこしまな人の上に置いていけば国民は心服するでしょう。曲がってよこしまな人を登用してまっすぐで誠実な人の上に置くと国民は心服することはないでしょう。

政治は結局、国民のためになることをすることであると孔子は考えた。そこから、おのずと上に立つ者の心がけが導かれるのである。これは政治だけでなく、現代の会社組織においても当てはまることであろう。

□登用する人材をまちがえていないか。

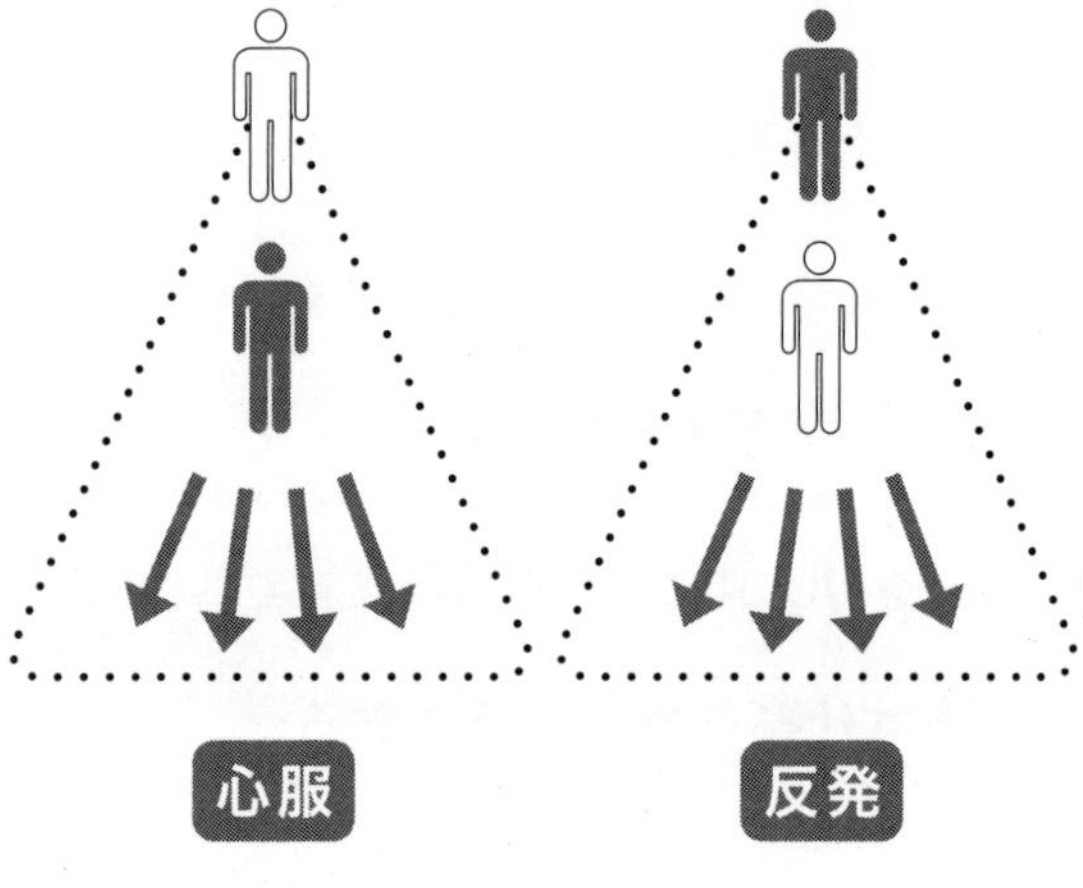

◎　八佾　第三　◎

11

子曰く、人にして不仁《ふじん》ならば、礼を如何《いかん》。人にして不仁《ふじん》ならば、楽《がく》を如何《いかん》。

孔子は言った。仁は心の徳であり礼楽の根本となるものである。仁の心のない者が礼儀を身につけても意味がない。仁の心のない者が音楽を習っても何にもならない。

仁とは愛や他人への思いやりができるという徳である。

すべてのものは、その人の心の中に愛や他人への思いやりという大切なところがしっかりとしたものがないと空疎な形だけのものとなる。礼儀作法や音楽などにおいても同じである。

□すべてのよいものは愛と思いやりから生まれるのを理解しているか。

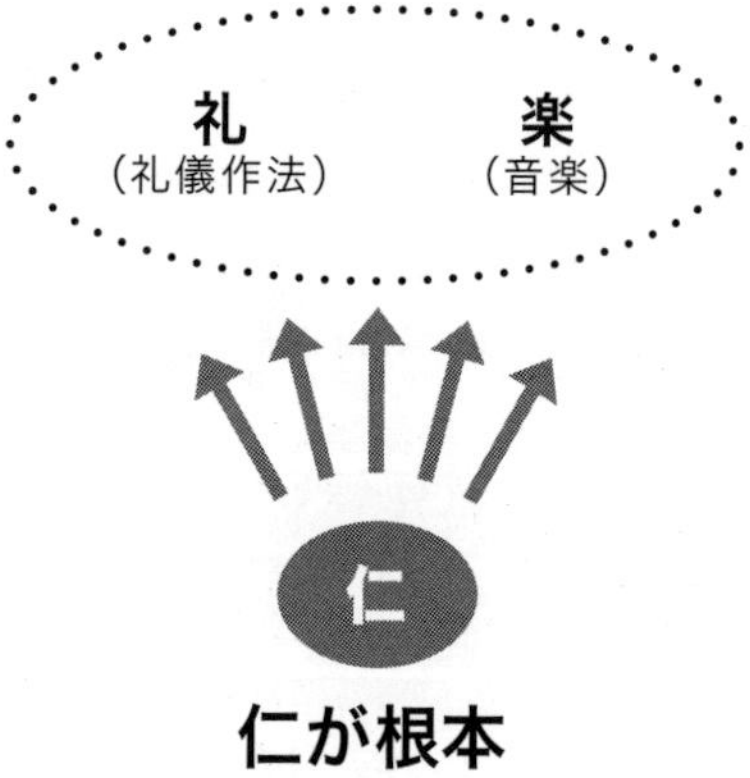

仁が根本

◎　里仁　第四　◎

12

子曰く、人の過《あやま》ちや、各々《おのおの》其の党《とう》においてす。過ちを観《み》て、斯《ここ》に仁を知る。

孔子は言った。人の過ちは、それぞれその人物に応じて現れる。その過ちを見るとその人の仁のほどがよく見える。

人は失敗した時や不遇の時にこそ、その人物の本当の姿も見えるということであろう。また反対に逆境に陥った時こそ、まわりの人物も見えるものである。こうしてみると過ちや失敗、逆境は人間を知るよい機会、学びの機会でもある。

□失敗に学んでいるか。

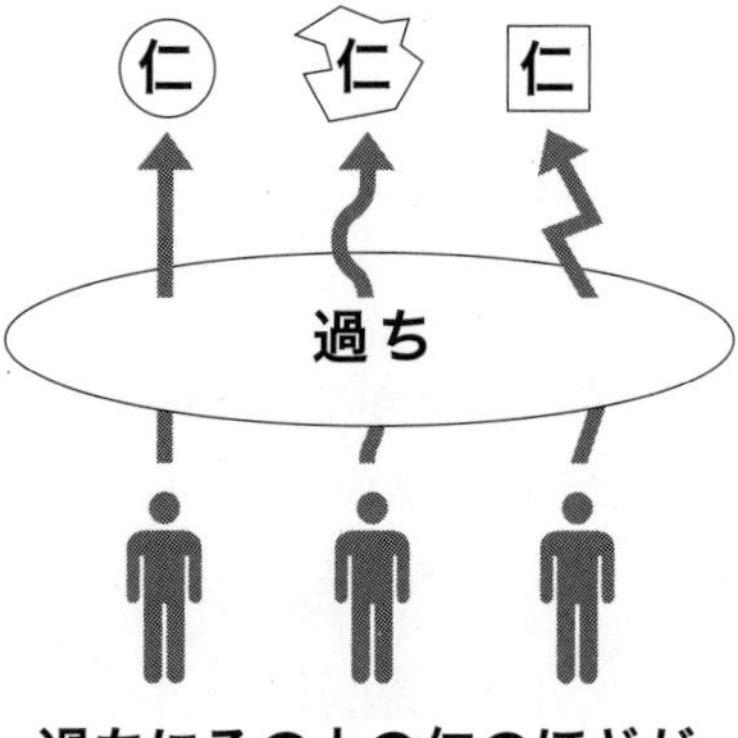

過ちにその人の仁のほどが
現われる

13

子曰く、君子、徳を懐《おも》い、小人《しょうじん》は土《ど》を懐《おも》う。君子、刑《けい》を懐《おも》い、小人《しょうじん》は恵《けい》を懐《おも》う。

孔子は言った。君子（立派な人格者）は徳を修めることを思い、小人（つまらない人間）は自分の土地のことのみを思う。君子は責任を取る覚悟を持っているが、小人は責任から逃れたいと思う。

宮崎市定訳はこれと異なる。「為政者が徳義に基づき善政に心がければ、人民は土地に安んじて動かぬ。為政者が刑罰を萬能にたよれば、人民は欲求不満をおこして逃亡しかねない」とする（『論語の新研究』岩波書店）。

いずれにしても、君子（立派な人格者）たることをめざす者は、いつも徳を身につけることに努力しなくてはいけないことを述べている。

□責任逃ればかりしていないか。

君子		小人
徳を修めること	⇔	自分の土地のこと
責任を取る覚悟	⇔	いかに 責任から逃れるか

何を考えるか？

14

子曰く、能《よ》く礼譲《れいじょう》を以《もっ》て国を為《おさ》めんか、何かあらん。能《よ》く礼譲《れいじょう》を以《もっ》て国を為《おさ》めずんば、礼を如何《いかん》せん。

孔子は言った。礼儀正しく、譲り合う心で国を治めるならば何の難しいことも起こらないだろう。礼儀正しく、譲り合う心で国を治めることができないなら、形式的な礼の定めがあってもどうしようもないだろう。

国がよく治まるためには、礼を守り、かつ譲り合う精神で政治を行わなくてはならないとするのが孔子の考えである。現実はなかなか難しいようだが、あきらめずに理想の政治を追い続けてみたいものだ。

□譲り合う心を失っていないか。

15

子曰く、位《くらい》無きを患《うれ》えず、立つ所以《ゆえん》を患《うれ》う。己《おのれ》を知ること莫《な》きを患《うれ》えず、知らるべきを為すを求む。

孔子は言った。自分に地位がないことを気にかけるのではなく、地位につくのにふさわしい実力をつけることを気にかけなくてはいけない。自分を認めてくれる人がいないことを気にかけるのではなく、認められるだけのことをしようと努めなければならない。

孔子は、一貫して、まず自分の力をつけ、そして結果を出すことを求める。そうすれば地位や名誉、あるいはお金も後から自然とついてくるものだと教える。

□地位、肩書きにこだわっていないか。

どちらを気にかけるのか？

× 地位がないこと
◎ 地位につくにふさわしい実力をつけること

× 認めてくれる人がいないこと
◎ 認めるだけのことをしようと努力すること

16

子曰く、參《しん》よ、吾《わ》が道は一以《いっ》て之《これ》を貫く。曾子《そうし》曰く、唯《い》。子《し》出《い》づ。門人、問うて曰く、何の謂《い》いぞや。曾子《そうし》曰く、夫子《ふうし》の道は忠恕《ちゅうじょ》のみ。

孔子が言った。參よ。わが道は一つのことで貫かれているのだ。曾子は、はい、と言った。孔子が去った後、他の門人が會子に、どういう意味だったのでしょうか、とたずねた。會子は言った。先生の道は誠実と思いやりのまごころだけなのです。

孔子のまごころとそれを貫くための気迫がよくうかがえる。誠実と思いやりのまごころを貫くことはそれほど簡単でないということであろう。

□自分を貫く生き方を持っているか。

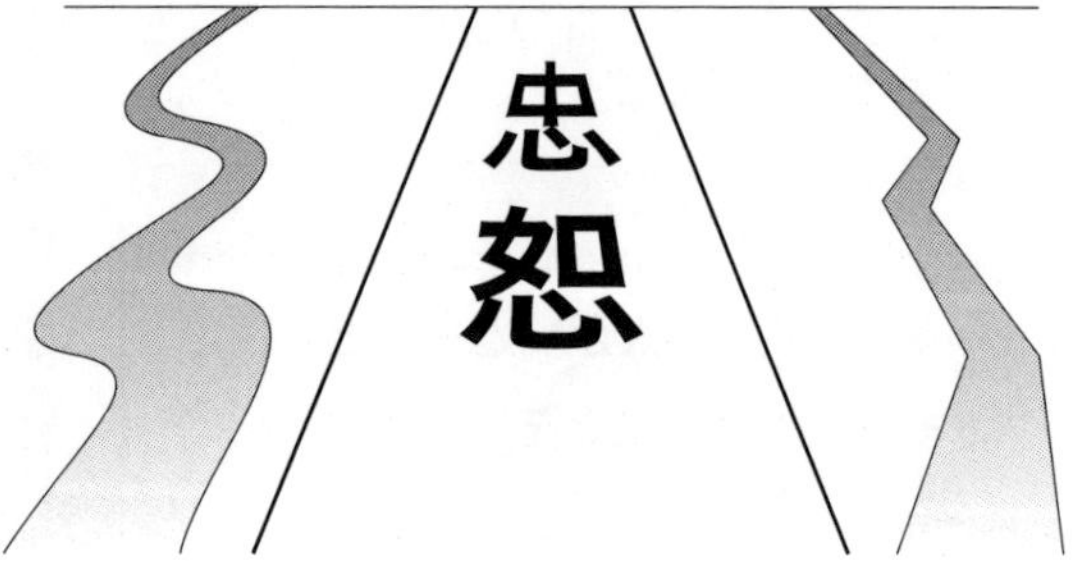

17

子曰く、徳は孤《こ》ならず、必ず鄰《となり》有《あ》り。

孔子は言った。徳のある人、すなわち人格の優れた人は決して孤立することはない。必ずその人の徳を慕ってそのまわりに人が集まってくるものだ。

徳のある人、すなわち自分を磨き、正しい道を歩んでいこうと努力している人は必ず見る人は見ているものだ。社会に役立つ、人のためになる人物は、放っておかれることはない。必ず認めてくれる人が現れると信じて学びつづけよう。自分を磨いていこう。なお、横浜の有隣堂書店の〝有隣〟はこの章からの名付けである。

□自分を信じているか。

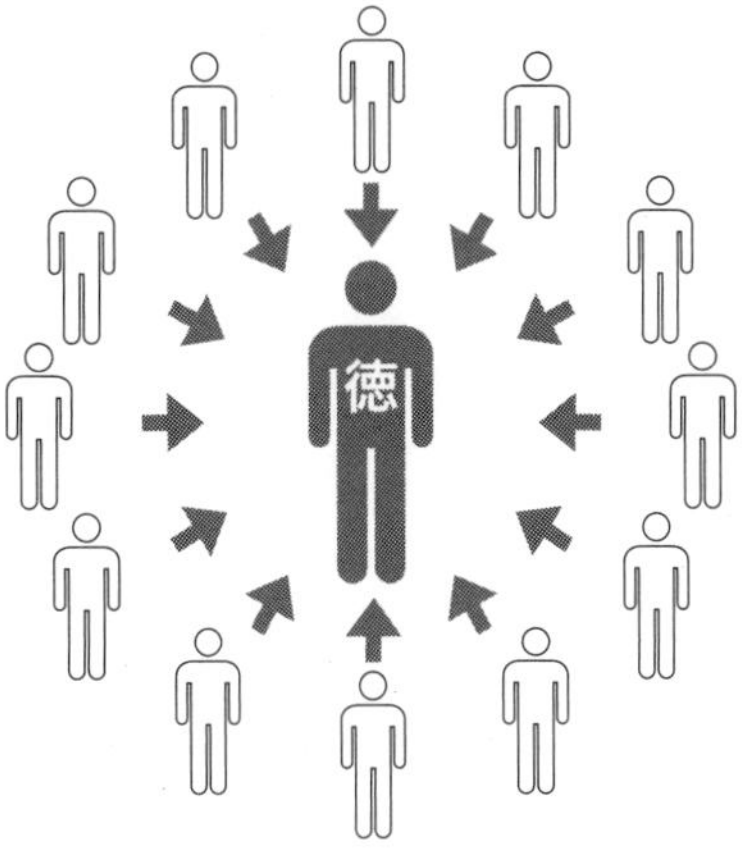

◎　公冶長　第五　◎

18

子《し》、子賤《しせん》を謂《い》う。君子なるかな、若《かくのごと》き人。魯に君子なる者なくんば、斯《こ》れ焉《いずく》にか斯《こ》れを取らん。

孔子が子賤について言った。君子（立派な人格者）だなあ、この人間は。しかし、魯の国に君子である人がいなかったら、いかに子賤でもここまでの徳は得ることができなかったであろう。

孔子は、自分にふさわしくない者を友とするなと言う。そして、ここにあるように君子、つまり立派な人格者と接し、これに学んでこそ、自分も徳を身につけ君子になっていけると考えた。どんな人もほとんど、生まれながらの君子はいないのである。人に学び、本に学び、実践してはじめて君子になれるのだ。

公治長

□立派な人格者とつき合い、そしてその人に学んでいるか。

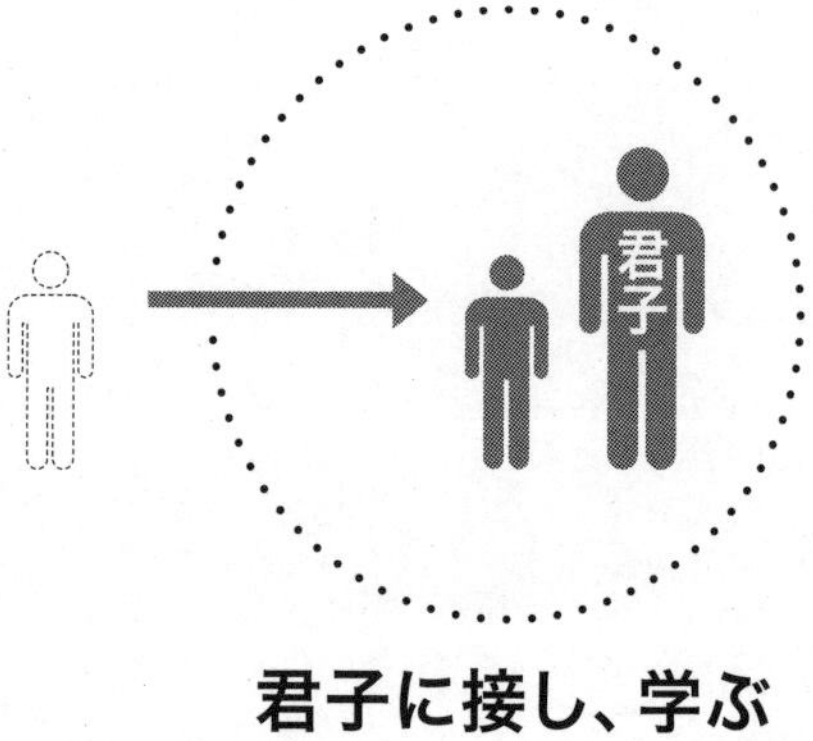

君子に接し、学ぶ

19

子貢《しこう》、問うて曰く、賜《し》や如何《いかん》。子曰く、女《なんじ》は器《き》なり。曰く、何の器《き》ぞや。曰く、瑚璉《これん》なり。

子貢が自分についての評価をたずねた。「私はどうでしょうか」。孔子は言った。「お前は器だ」。子貢はさらにたずねた。「どんな器ですか」。孔子は答えて言った。「宗廟の祭りに用いる重要な瑚璉という器のようだ」。

子貢は英才として名高く、特に政治の場で活躍できる才があった。ただ、孔子としては、さらなる徳を身につけていって「器」から本物の「君子」への道を進んでもらいたいと、愛のムチも含んだ評価であったと解することができる。

□自分の持てる才能を伸ばしているか。

20

□他人を低く評価しすぎていないか。

公冶長

或《あ》るひと曰く、雍《よう》や、仁にして佞《ねい》ならず。子曰く、焉《いずく》んぞ佞《ねい》なるを用いん。人に禦《あた》るに口給《こうきゅう》を以てすれば、屢《しば》しば人に憎まる。其の仁なるを知らず、焉《いずく》んぞ佞《ねい》なるを用いん。

ある人が言った。雍（仲弓）は仁と言えるほどの人物であるが、弁が立たない。孔子は言った。どうして弁が立つ必要があろうか。人に対してうまく口先で接する者はしばしば人に憎まれることが多い。雍（仲弓）が仁者かどうかはわからないが、弁が立つことを求める必要はない。

孔子の一貫した主張であるのが、口先でうまく生きていく人間にはなるなということを、雍（仲弓）の評価への感想の中で教えている。口は災いのものであること、そして、人は誠実な心がけが大切であることをわからせてくれる。

弁が立つ者

▼

しばしば人に憎まれる

弁が立つより
誠実的な心がけが必要

21

孟武伯《もうぶはく》問う、子路《しろ》は仁なるか。子曰く、知らざるなり。又問う。子曰く、由《ゆう》や、千乗《せんじょう》の国に其の賦《ふ》を治めしむべきなり。其の仁を知らざるなり。求《きゅう》や如何《いかん》。子曰く、求《きゅう》や、千室の邑《ゆう》、百乗の家に、之《これ》が宰《さい》たらしむべし。其の仁を知らざるなり。赤《せき》や如何《いかん》。子曰く、赤《せき》や、束帯《そくたい》して朝《ちょう》に立ち、賓客《ひんきゃく》と言わしむべきなり。其の仁を知らざるなり。

魯の大夫である孟武伯がたずねた。子路は仁者ですか。孔子は言った。存じません。孟武伯が重ねてたずねた。孔子は答えた。由（子路）は戦車千乗を持つような大国で軍事などの政治をやらせるだけの力はありますが、仁者かどうかは存じません。つづいて、求（冉求）はどうですかとたずねられた。孔子は言った。求は千戸の大きな村や戦車百乗の小国の長官にさせることはできるでしょう。しかし、仁者かどうかは存じません。さらに、赤（公西赤）はどうですかとたずねられた。孔子は言った。赤は衣冠束帯の礼服で朝廷に立ち、外国からのお客様と応対させることはできます。しかし、仁者かどうかは存じません。

孔子は弟子の三人のそれぞれの才能や、向き不向きをよく見て評価している。しかし、徳を修め、最高の人格者たる仁の域にはこれからの修養次第であって、簡単なことではないのだよ、と教えているのである。

□人それぞれの能力を見つけているか。

22

□どんな人からも学ぶ姿勢があるか。

子貢《しこう》、問うて曰く、孔文子《こうぶんし》は、何を以てか之《これ》を文《ぶん》と謂《い》うや。子曰く、敏《びん》にして学を好み、下問《げもん》を恥じず。是《これ》を以て之《これ》を文と謂《い》うなり。

子貢がたずねた。孔文子はどうして文という諡（おくりな）をつけられたのですか。孔子は言った。利発なうえに学問好きで、目下の人に教えを乞うことも恥としなかった。だから文というのだ。

孔文子は姓は孔、名は圉（ぎょ）で衛の大夫であった。諡とは、その人の生涯における業績や人柄を見て、それにふさわしい名を死後におくる習慣であった。文は諡としては最上のものの一つであるとされた。目下の人やどんな人からも学ぼうという姿勢は、昭和の国民的作家、吉川英治の「我以外皆師」という名言につながっていくものである。

・利発で学問好き
・目下の人に教えを乞うことも恥としない

▼

文

孔子の諡《おくりな》

23

子《し》、子産《しさん》を謂《い》う。君子の道、四《し》あり。其の己《おのれ》を行うや恭《きょう》、其の上に事《つか》うるや敬《けい》、其の民を養うや恵《けい》、其の民を使うや義。

孔子が子産について言った。君子たるの道を四つそなえておられた。その態度はうやうやしくて謙遜で、君につかえては敬いの心をもってし、人々を治めるには恵み深く、人々を使役するにも道理にかなった使い方をした。

子産は鄭（てい）の宰相で公孫僑（こうそんきょう）の字（あざな）である。名臣として有名で、宮城谷昌光氏の小説にもなっている。孔子の政治家の理想像がこの文からうかがうことができる。

□相手の都合や立場をよく理解しようとしているか。

君子たちの道

❶ うやうやしく謙遜

❷ 敬いの心で君につかえる

❸ 恵み深く人を治める

❹ 道理にかなった人の使い方をする

24

子張《しちょう》、問うて曰く、令尹子文《れいいんしぶん》は三たび仕えて令尹《れいいん》となれども喜色《きしょく》なし。三たび之《これ》を已《や》めらるとも慍《いか》る色《いろ》なし。旧令尹《れいいん》の政《まつりごと》は必ず以て新令尹《れいいん》に告ぐ。何如《いかん》ぞや。子曰く、忠なり。曰く、仁なるか。曰く、未《いま》だ知ならず、焉《いずく》んぞ仁なるを得ん。崔子《さいし》、斉君《せいくん》を弑《しい》す。陳文子《ちんぶんし》、馬十乗あり。棄てて之《これ》を違《さ》り、他邦《たほう》に至りて則ち曰く、猶《な》お吾《わ》が大夫崔子《たいふさいし》がごときあり、と。之《これ》を違《さ》る。一邦《いちほう》に之《ゆ》きて則ちまた曰く、猶《な》お吾《わ》が大夫崔子《たいふさいし》がごときあり、と。之《これ》を違《さ》る。何如《いかん》ぞや。子曰く、清なり。曰く、仁なるか。曰く、未《いま》だ知ならず、焉《いずく》んぞ仁なるを得ん。

子張がたずねて言った。楚の国の宰相たる令尹の子文は、三度令尹に登用されたが喜ぶ様子もなく、三度やめさせられたが不満の顔を見せなかった。やめる時には新しい令尹にこれまで自分がやってきたことはすべて引き継いだ。これをどう評価されますか。孔子は言った。忠実である。子張は重ねてたずねた。仁者とは言えませんか。孔子は答えた。仁者と言えるには知者でもなければならないが、子文はまだ知者ではない。どうして仁者と言えるだろうか。子張は次にたずねた。斉の国の大夫である崔子が君主を殺した時、陳文子は四十頭の馬を持つほどの地位を捨てて立ち去りました。そして他の国へ行きましたが「ここにも大夫崔子のような者がいる」と言って立ち去りました。さらに他の国に行ってもやはり、「わが国の崔子のような者がいる」と言って立ち去りました。これはどうでしょうか。孔子は言った。清廉潔白である。子張が重ねてたずねた。仁者とは言えませんか。孔子は答えた。まだ知者の段階にない。

どうして仁者と言えるだろうか。

忠実であることや清廉潔白であることはすばらしいことである。

ただ、孔子の言う仁者とは完成された最高の人格者であって、それだけではまだ不十分と言わなければならない。ここでは、まず仁者の手前の知者のレベルにまで自分を持っていかなくてはならないよ、もっと積極的に学ぶことも必要だよ、と教えているのだ。

小室直樹氏は「学問と宗教」の関係において、キリスト教においては学問と関係ないが、対照的に儒教においては学問を重んじると指摘される。そして「行い正しいというだけでは儒教の聖人にはならないのであって、学問、つまり古くからの中国古典をよく理解することが重要で、よい人であるための条件なのです」とされる（『月刊スーパービジネスマン』1996年1月号）。

□積極的な向上心を持っているか。

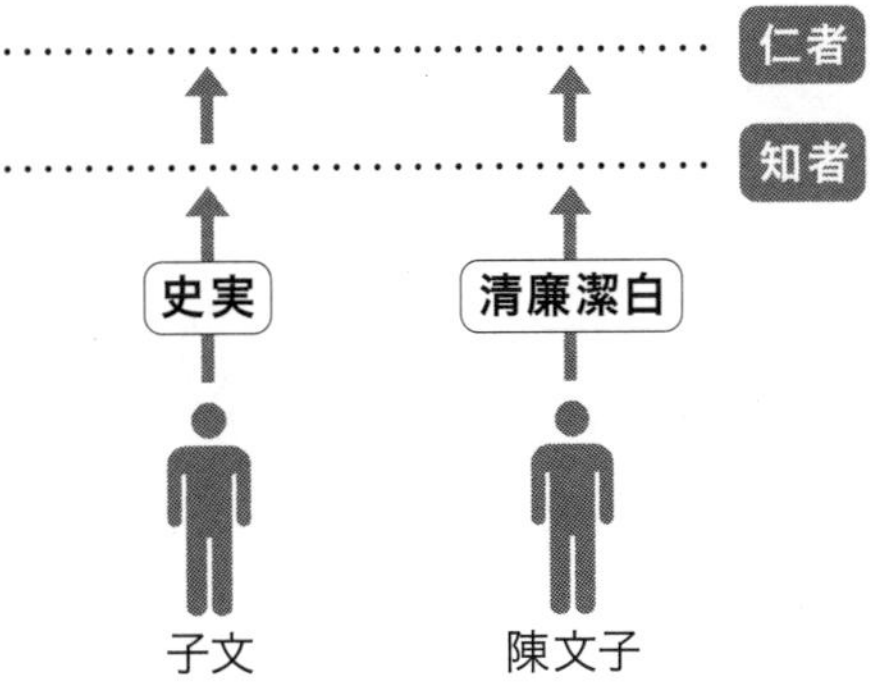

25

子曰く、晏平仲《あんぺいちゅう》は善《よ》く人と交わる。久しくして人これを敬す。

孔子は言った。晏平仲は人とのつき合い方がよくわかっている。長くつき合っても尊敬し合えた。

晏平仲は斉の名宰相で、平は諡（おくりな）、仲は字で名を嬰（えい）と言った。子産と同じく宮城谷昌光氏の長編小説の題材にもなっている。

人づき合いは難しい。そしてつき合いが長くなるとどうしても相手がうとましくなったり、欠点が見えたりするものだ。晏平仲は、相手のよいところを見ることができ、そしてそれを正しく認めつづけてあげることができたにちがいない。

□相手の長所を見つづけることができるか。

26

顔淵《がんえん》、季路《きろ》侍《じ》す。子曰く、盍《な》んぞ各々爾《なんじ》が志を言わざる。子路《しろ》曰く、願わくは車馬衣裘《しゃばいきゅう》を、朋友《ほうゆう》と共にし、これを敝《やぶ》りて憾《うら》むなからん。顔淵《がんえん》曰く、願わくは善に伐《ほこ》るなく、労を施すことなからん。子路《しろ》曰く、願わくは子《し》の志を聞かん。子曰く、老者《ろうしゃ》はこれを安んじ、朋友《ほうゆう》はこれを信じ、少者《しょうしゃ》はこれを懐《なつ》けん。

顔淵と季路が孔子の左右にはべっていた。孔子は言った。どうだろう、お前たちの志を言ってみないか。子路（季路）は言った。私の車や服や毛皮の外套を友だちと一緒に使って、それが友達にぼろぼろにされてもうらんだりはしないようになりたいと思います。顔淵は言った。善いことをしても自慢せず、苦労やいやなことは自分が行い人におしつけることをしないようにしたいと思います。子路が言った。どうか先生のお志をお聞かせください。孔子は言った。年寄りには安心させてやりたい。友達とは信じ合いたい。若い人にはなつかれたい。

おもしろい対話である。子路の言う物に心を奪われることない生き方、顔淵の他人を思いやる生き方どちらも目ざしたい道である。孔子の述べる志はこれこそ理想の人生であろう。目ざすべき社会のあり方でもある。なお、若い人は正しい人、素敵な人、可愛げのある人を見分けるものだ。若い人に媚びることなしに、なつかれる人はそれだけの人物と言っていいだろう。

□若い人にもなつかれているか。

◎　雍也　第六　◎

27

子曰く、雍《よう》や南面《なんめん》せしむべし。仲弓《ちゅうきゅう》、子桑伯子《しそうはくし》を問う。子曰く、可《か》なり。簡《かん》なり。仲弓《ちゅうきゅう》曰く、敬《けい》に居《お》りて簡《かん》を行い、以て其の民に臨《のぞ》むは、亦《ま》た可《か》ならずや。簡《かん》に居《お》りて簡《かん》を行うは、乃《すなわ》ち大《はなは》だ簡《かん》なるなからんや。子曰く、雍《よう》の言うこと然《しか》り。

孔子が言った。門人の雍（仲弓）はよい政治を行える人物だ。その仲弓が子桑伯子のことをたずねた。孔子は言った。まあよい人物だ。大まかでこせこせしていない。これを聞いて仲弓は言った。自分自身の心の中は慎み深くありながら、人々と接するのに大まかでこせこせしていないのならいいですね。自分自身が大まかでありつつ、人に対してもおおまかでは、あまりにも大まかすぎると思います。孔子は言った。まったくそのとおりだ。

別の箇所で、雍（仲弓）についてある人が、仁者だが弁が立たないと言うの対して、孔子は仁者かどうかは知らないが弁は立つ必要はないと言った。雍は口数が少なくしてやり遂げるタイプで、力量の大きな人物だったのだろう。自分に厳しくて、他人に優しく思いやれる人である。孔子はこれを誉めているのである。

□自分自身に大まかになりすぎていないか。

28

子曰く、回《かい》や其の心三月《さんげつ》仁に違《たが》わず。其の餘《よ》は則ち日月《じつげつ》に至るのみ。

孔子は言った。顔回は何ヵ月でも、その心が仁に違うことはない。しかし、他の者たちは日に一度、月に一度、仁の心になりえたと思うとすぐにそこから離れてしまう。

普通の人間は仁の心、すなわち立派な心がけをすることができるのはできるが、長く続かないのである。他人に思いやりや愛情を持てたかと思うと、すぐに憎んでしまったりもする。いかにその立派な心がけを長く続けられるか、いかにして自分の仁の心に近づけていくかを考え、努力しようということである。

□人を思いやる心を継続できているか。

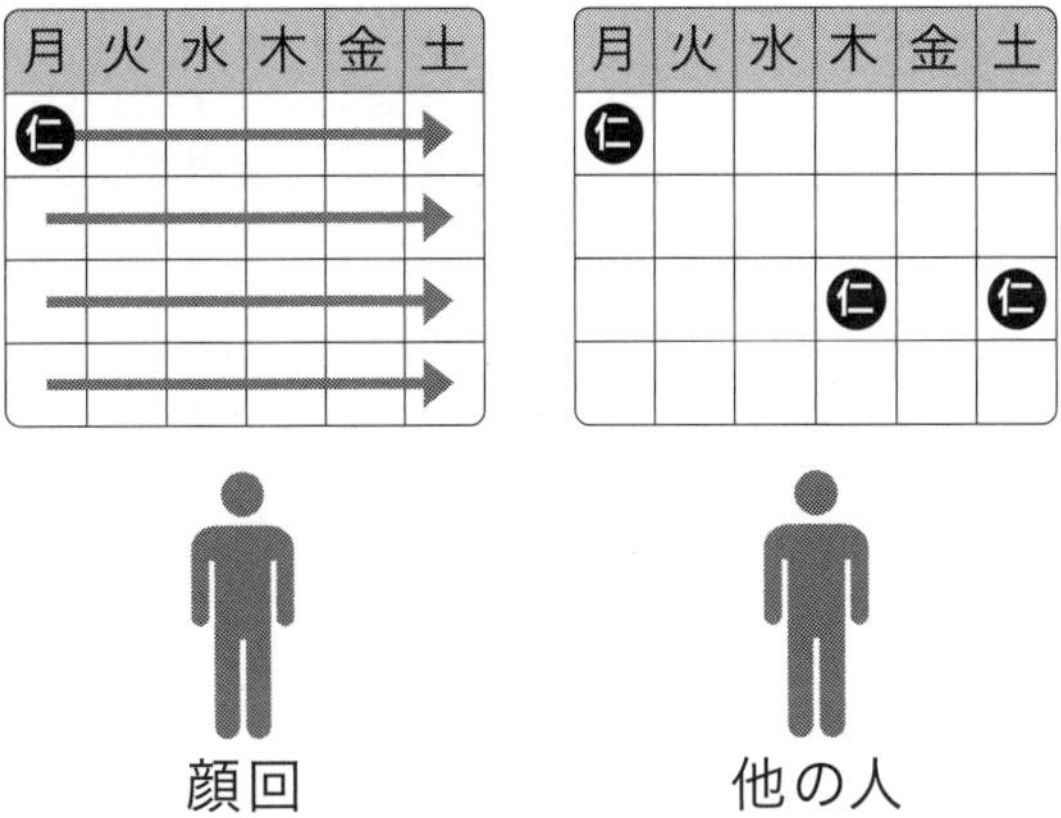

29

季康子《きこうし》、問う、仲由《ちゅうゆう》は政《まつりごと》に従わしむべきか。子曰く、由《ゆう》や果《か》なり。政《まつりごと》に従うに於いて何かあらん。曰く、賜《し》や政《まつりごと》に従わしむべきか。曰く、賜《し》や達《たつ》なり。政《まつりごと》に従うに於いて何かあらん。曰く、求《きゅう》や政《まつりごと》に従わしむべきか。曰く、求《きゅう》や藝《げい》あり。政《まつりごと》に従うに於いて何かあらん。

魯の大夫である季康子がたずねた。仲由（子路）は政治を担当することができますか。孔子は言った。由（子路）は決断力があります。政治を担当することなど何でもありません。季康子は続いてたずねた。賜（子貢）は政治を担当することができますか。孔子は言った。賜（子貢）は達見（物事がよく見通せる）です。政治など何でもありません。季康子はさらにたずねた。求（再求）は政治を担当することができますか。孔子は言った。求（再求）は多才です。政治くらい何でもありません。

政治を担当する者は、何かにおいて能力があれば、それを活かした部門で活躍させることができる。適材適所を孔子は考えていた。ただし、それらの者の上に立つトップがその能力を活かせるかどうかが、それ以上に重要な問題であって、季康子にそれが果たしてあるのか、と孔子は言いたげの問答である。

□適材適所を怠っていないか。

あなた（季康子）は彼らを使いこなせるのか？

30

伯牛《はくぎゅう》、疾《やまい》あり。子《し》これを問い、牖《まど》より其の手を執《と》りて曰く、之《これ》を亡《うしな》わん。命《めい》なるかな。斯《こ》の人にして斯《こ》の疾《やまい》あり。斯《こ》の人にして斯《こ》の疾《やまい》あらんとは。

伯牛が病気になった。孔子はこれを見舞ったが、窓ごしにその手をとって言った。もうだめか。これも運命なのか。こんな立派な人がこんな病気にかかるとは。こんな立派な人がこんな病気にかかるとは。

人にはどうしようもない運命がある。どこの国や場所で生まれ、どういう両親に生まれたかなどだ。また、病気の中には治療の施しようのないものも存在している。どんなに個人的に努力し、勉強に仕事に励んでも災難はあることを覚悟しておきたい。だからこそ平和な日常や、当り前のような健康、親しい人たちの存在に感謝して生きようと思うのである。

□日々の健康と生活に感謝しているか。

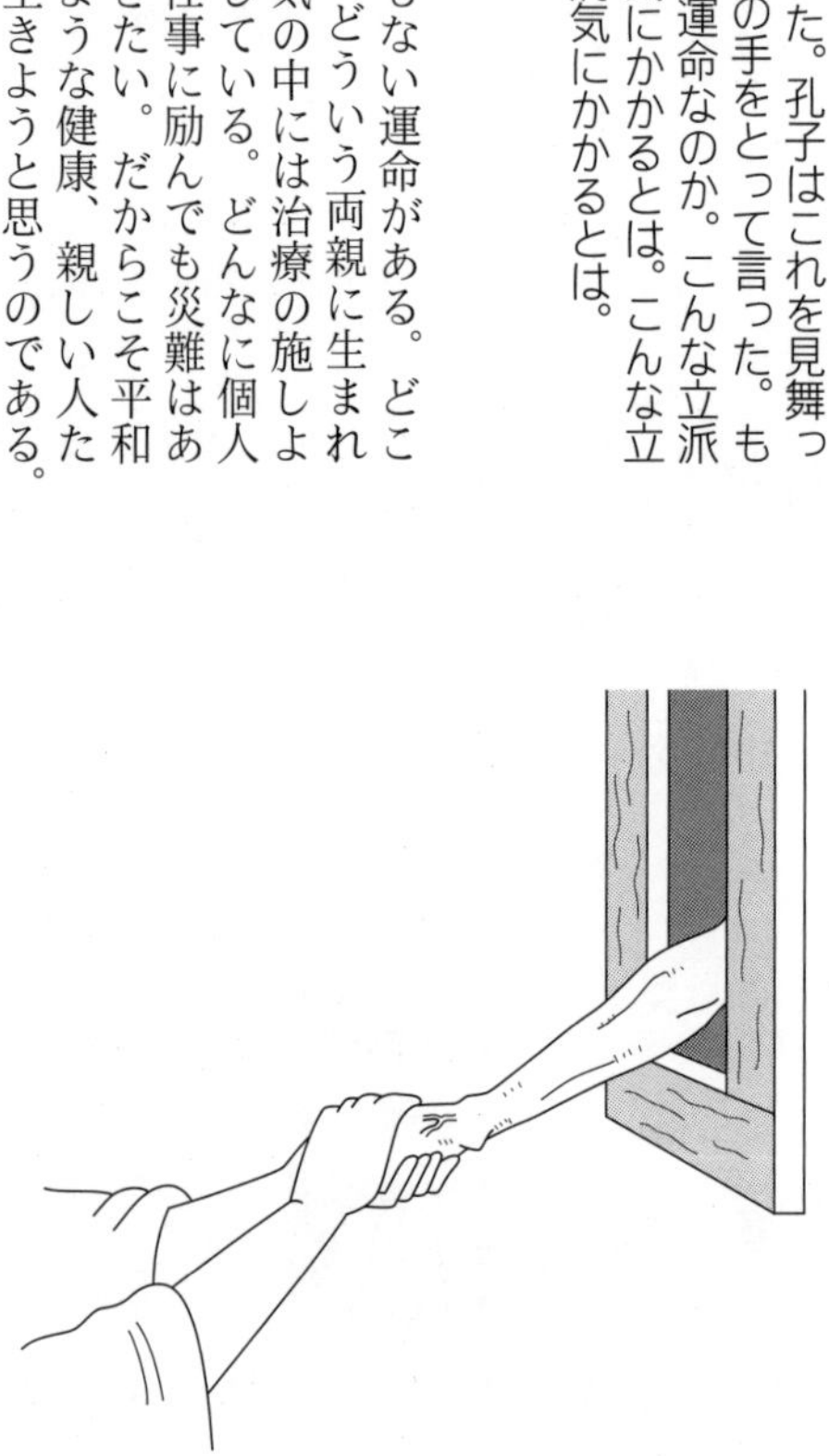

31

子曰く、人の生《い》くるや直《なお》し。これを罔《なみ》して生くるや、幸いにして免《まぬが》るるなり。

孔子は言った。人がこの世に生きていけるのは自然の人情によく従うからである。自然の人情を失っているのに生きているのは、たまたまのまぐれで難を免れているだけなのである。

人間には生まれながらに身についていく自然の人情がある。たとえば親が子を思い、子が親を思うことである。こうした自然の人情を忘れて生きていくことはできないはずだ。それでも生きている人は、とりあえずそれまでの難を免れているだけで、この先はどうなるかわかったものではない。

□人としての自然の人情を失っていないか。

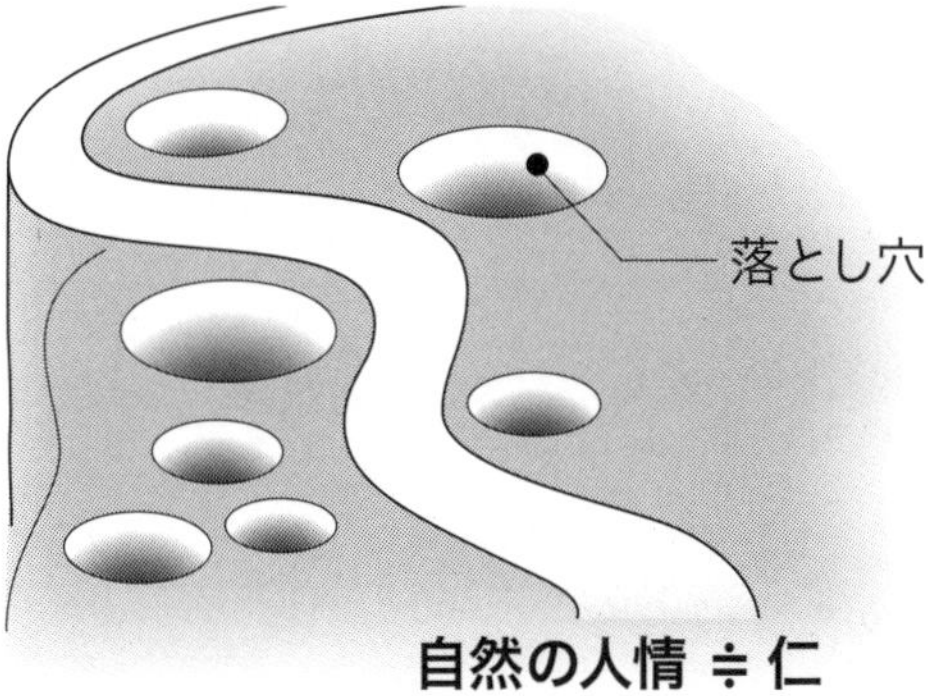

自然の人情 ≒ 仁

（親が子を思うような
子が親を思うような）

32

樊遅《はんち》、知を問う。子曰く、民の義を務《つと》め、鬼神《きしん》を敬《けい》してこれを遠ざく。知と謂《い》うべし。仁を問う。曰く、仁者は難《かた》きを先にして獲《う》るを後にす。仁と謂《い》うべし。

樊遅が知者とは何かをたずねた。孔子は言った。人としてやるべきことを行い、神や霊を敬うが、これをもてあそんで深入りするようなことはしない。これが知者である。樊遅が仁者とは何かをたずねた。孔子は言った。仁者は、困難なことから先に取り組み、利益とか報酬のことは後のこととする。これが仁者である。

まったく現代を生きる者にも耳の痛い教えである。自分の人間としての向上と日々の実践をおろそかにし、神仏や怪しげな力を頼もうとする者も多い。これは知者とは言えない。また、何をやるのにも自分の利益をまず考え、他人の役立つことは何も手をつけようとしない。これは仁者ではない。

□まず他人に役立つことをしているか。

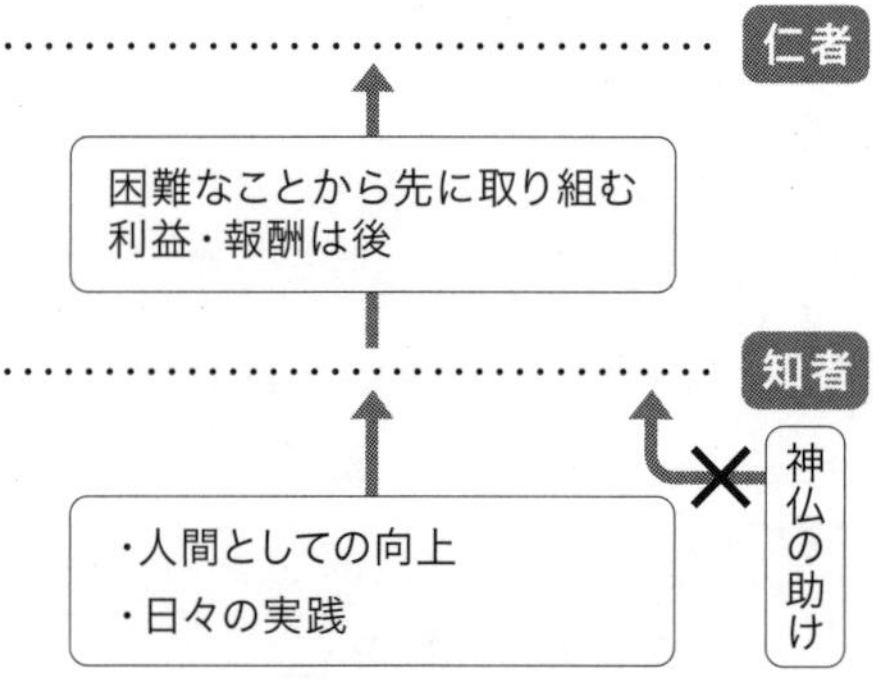

33

宰我《さいが》、問うて曰く、仁者は之《これ》に告げて、井《せい》に仁ありと曰《い》うと雖《いえど》も、其《そ》れこれに従わんや。子曰く、何為《なんすれ》ぞ其《そ》れ然《しか》らん。君子は逝《ゆ》かしむべきも、陥《おとしい》るべからざるなり。欺《あざむ》くべきも、罔《し》うべからざるなり。

宰我がたずねた。最高の人格者である仁者は、井戸に人が落ちていると言われると、すぐに自ら井戸に入ってこれを救いますか。孔子は言った。どうしてそのようなことになろうか。仁者とまではいかないでも君子であれば、井戸まではいかせることができても、井戸の中に落とすことはできない。道理のあることでかつがれることはあっても、道理のないことで欺し通すことはできない。

仁者とは孔子のいう最高の人格者のことである。当然、愛に溢れる人だから困った人があると、ウソを言われるとすぐだまされるのではないかと孔子は問われた。しかし、最高の人格者のまだ手前である君子、すなわち立派な人格者でも、助けようとは考えて行動しても、完全にだまされるような軽率者ではないのだと言う。ましてや仁者もそのようにだまされるはずがないであろう。

□軽率者となっていないか。

34

子貢《しこう》曰く、如《も》し博《ひろ》く民に施《ほどこ》して能《よ》く衆を済《すく》わば何如《いかん》ぞや。仁と謂《い》うべきか。子曰く、何ぞ仁を事《こと》とせん。必ず聖か。堯舜《ぎょうしゅん》も其《そ》れ猶《な》おこれを病《や》めり。夫《そ》れ仁者は己《おの》れ立たんと欲して人を立て、己《おの》れ達せんと欲して人を達せしむ。能《よ》く近く譬《たとえ》を取る。仁の方と謂《い》うべきのみ。

子貢は言った。もし、広く人々に恩恵を施し、多くの人を救済することができたらどうでしょうか。仁と言えるでしょうか。孔子は言った。それは仁どころではない。聖人というしかない。堯、舜のような聖人の天子でも、それが難しいと心配されたほどである。仁者というのはもっと身近なところにあって、自分が立ちたいと欲したときには、まず人を立たせる、自分が到達したいと欲したときはまず他人を到達させるのである。仁とはまず自分のまわりの近くのことで行う。それが仁に到る方法なのである。

仁というと難しく考え、社会全体のことまでを視野に入れなくてはならないようにも思える。

もちろんそれは大きな目標であるが、その前に自分が自分のまわりで善なる行いをすることで仁の実践は始まる。つまり自分の望むこと、してほしいことをまず他人にしてやるということである。これができないのに世の中のことを言っても始まらない。

□自分のまわりの人に役立っているか。

◎　述而　第七　◎

35

子曰く、仁、遠からんや。我《わ》れ、仁を欲すれば、斯《ここ》に仁至《じんいた》る。

孔子は言った。仁は人から遠いところにあるのだろうか。いや、そうではない。今、自分が仁でありたいと思えば、そこに仁があるのだ。

人は難しく考えすぎる傾向がある。仁は最高の人格のことをいう。あるいは人を心から思いやることという。そうあろう、ありたいと思った時、私たちの心は仁に溢れ、仁の人となれるのだ。何と素敵ですばらしい孔子の言葉ではないか。あとはそれを継続していくという修養あるのみである。

□自分をあきらめていないか。

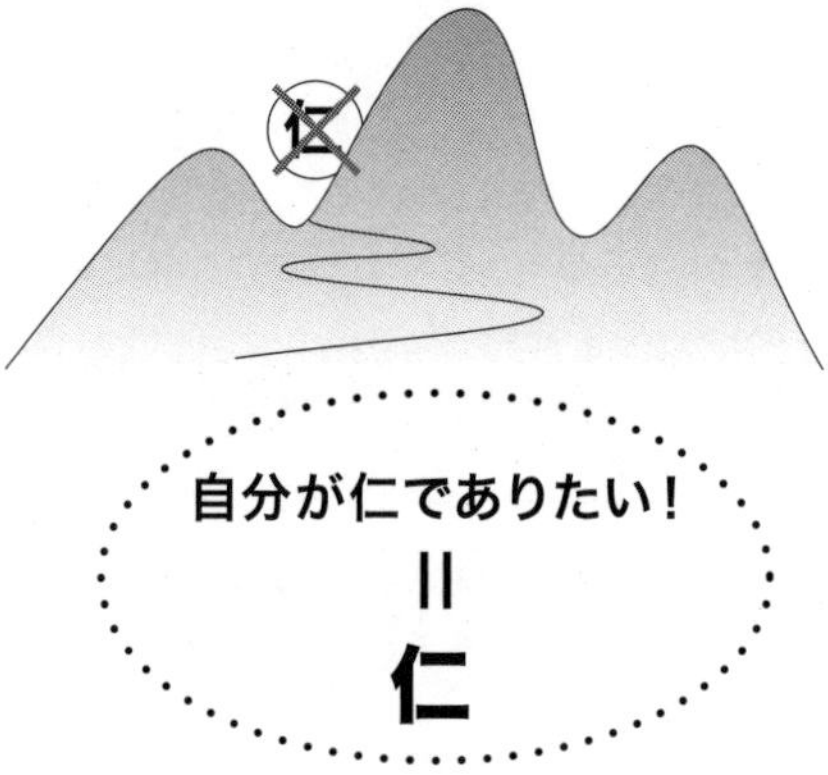

36

子曰く、君子は坦《たん》として蕩蕩《とうとう》たり、小人《しょうじん》は長《つね》に戚戚《せきせき》たり。

孔子は言った。君子（立派な人格者）は心が平穏で様子ものびのびしている。小人（つまらない人物）はいつもくよくよし、びくついている。

君子は人格が優れ行いも爽やかな人のことをいう。言いかえると「いい男」「いい女」のことだ。いい男、いい女は自分のことに自信があるし、やましいところもない。だからのびのびとしている。小人は、自分の小さな欲に目先を奪われていて他人のことまで思いやれる余裕のない人である。つまり、「つまらん男、つまらん女」のことである。目先の自分の利益が気になってしかたないし、人に対してやましいところが多いからくよくよし、びくつくのである。

□くよくよ、びくびくしていないか。

小人	君子
戚戚 くよくよ びくびく	坦 心が平穏 蕩蕩 のびのび

37

子《し》は温《おだ》やかにして厲《はげ》しく、威《い》ありて猛《たけ》からず、恭《きょう》にして安《やす》し。

孔子はおだやかで親しみやすいが、激しい情熱を持ち、威厳があるが威張ったところがない。そして、丁寧で慎み深いがゆとりがあって窮屈ではなかった。

孔子の風格、威厳ある姿と性格のすばらしさ、他人に好かれる様子を見事に表現している文章である。いかにも、偉い人と言われている人の中には親しみにくく、窮屈な人もいるが、孔子から言わせるとまだまだ君子とは呼べないだろう。

□窮屈な人間となっていないか。

おだやかで親しみやすい
⇕
激しい情熱、威厳がある
▶ **いばらない**

丁寧で慎み深い
ゆとりがある
▶ **窮屈でない**

◎　泰伯　第八　◎

38

曾子《そうし》、疾《やま》いあり。孟敬子《もうけいし》、これを問う。曾子《そうし》、言いて曰く、鳥の将《まさ》に死なんとするや、其の鳴くこと哀《かな》し。人の将《まさ》に死なんとするや、其の言うこと善《よ》し、とあり。君子の道に貴《とうと》ぶところのもの三あり。容貌を動かしては、斯《ここ》に暴慢《ぼうまん》に遠ざかる。顔色《がんしょく》を正しくしては、斯《ここ》に信に近づく。辞気《じき》を出《い》だしては、斯《ここ》に鄙倍《ひばい》に遠ざかる。籩豆《へんとう》の事には、則ち有司存《ゆうしそん》す。

曾子が病気となり危篤となった。見舞いに来た魯の大夫の孟敬子に向かって曾子は言った。「鳥がまさに死のうとする時の声は哀しい。人のまさに死のうとする時の言葉は嘘のない真実がある」と言われています。ですから私の話をよく聞いてください。人の上に立つ君子として三つの道を重んじなくてはいけません。まずは、身体容貌の動きを礼にかなった荘重さで行えば、他人の粗暴は近づけなくなります。次に、自分の顔に誠実さを表わし、礼にはずれないようにすれば、他人も欺こうとしません。さらには、使う言葉が正しくあると、道理に外れたことから遠く離れることができます。祭祀における祭器をどうするかなどの細かなことはそれぞれの係にお任せすればいいのです。

誠実であることで有名な曾子らしい言葉である。まず自分の行動・表情・言葉を正しくすることが、人の上に立つ君子の道であることを教えてくれる。この三つの道を怠り油断すると、面倒な災いに巻きこまれる恐れがあるということも忘れないようにしたい。

□よい言葉を使い、よい表情をしているか。

39

曾子《そうし》曰く、士《し》は以て弘毅《こうき》ならざるべからず。任重《にんおも》くして道遠し。仁以《じんもつ》て己《おのれ》が任《にん》と為す。亦《ま》た重《おも》からずや。死して後《のち》已《や》む。亦《ま》た遠からずや。

曾子は言った。士、すなわち仁の道を志す者は広く包容する力と強い意志を持たなくてはいけない。仁を追求をするという重い任務を負い、そしてその道ははるかに遠いからである。この重い任務は死ぬまで続くのである。何と遠い道であることだろうか。

学に志し仁の道を生き抜く強い覚悟を述べている。城山三郎の小説『落日燃ゆ』の主人公で悲劇の首相広田弘毅の名もここからとられている。また、徳川家康の遺訓にある「人の一生は重き荷を負ひて遠き道を行くが如し。急ぐべからず」も、この教えの影響を受けていると言われている。

□包容力と強い意志を兼ね備えているか。

40

子曰く、民は之《これ》に由《よ》らしむべく、之《これ》を知らしむべからず。

孔子は言った。政治というものは国民からの信頼を得て行うことができる。しかし、民の一人一人に政治の中味を知らせることは難しい。

ここの孔子の言葉については、封建時代において権力者および御用学者が都合のよい解釈をし、その解釈による教えを押しつけてきた。つまり「愚民政策」である。福沢諭吉はこれを前提として『学問のすすめ』の中で孔子を批判している。

しかし、孔子が言いたかったのは、政治は国民の政治を行う者への信頼で成り立っているということであろう。だから信頼を得るようにせよというのだ。ただ政策の具体的な中味について国民一人一人にわからせることは難しいよ、と述べているのである。これは政治に限らず会社のなど組織のトップの者にあてはまるだろう。情報公開は必要だけれども、知らせるべきでないこと、わかってもらえないことも多いのも事実なのである。だからこそ「信頼」が最も大切なのである。

□仲間から信頼されているか。

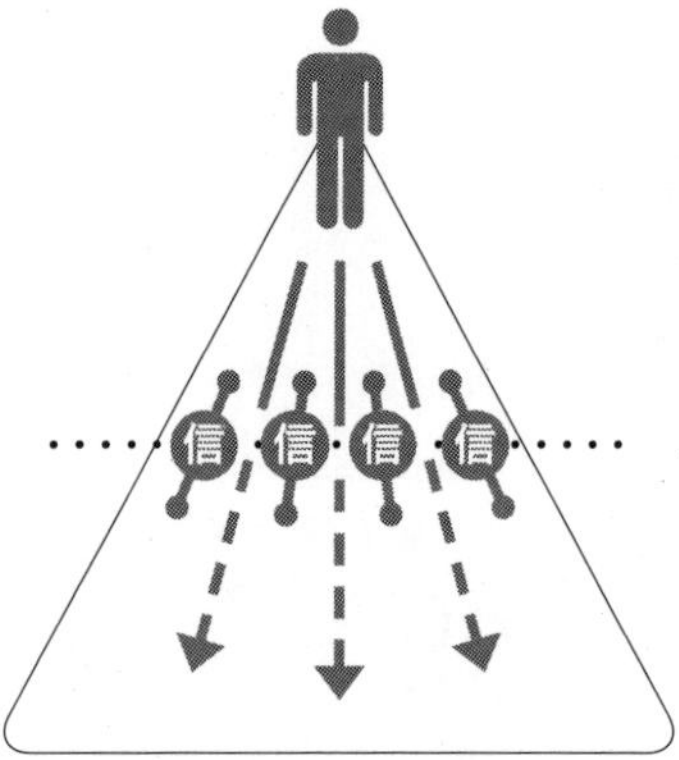

41

子曰く、如《も》し周公《しゅうこう》の才の美あるも、驕《おご》り且《か》つ吝《やぶさ》かならしめば、其の餘《よ》は観《み》るに足らざるなり。

孔子は言った。もし聖人である周公のようなすごい才能があったとしても、傲慢、そしてケチであるなら、その才能も帳消しとなり、見るに耐えない者である。

周公（周公旦）は魯の始祖であり、孔子が理想とし、尊敬した人である。しかし、いくらその尊敬する人と同じ才能があったとしても、人間が傲慢でケチな者はまったく見るところのない困った者であるとする。孔子は傲慢とケチを嫌う。

しかも、この傲慢とケチは直らないことが多いのでやっかいなのだ。こういう人に才能があるとその才能は迷惑ともなる。

□実力があるのに傲慢、ケチな人間となっていないか。

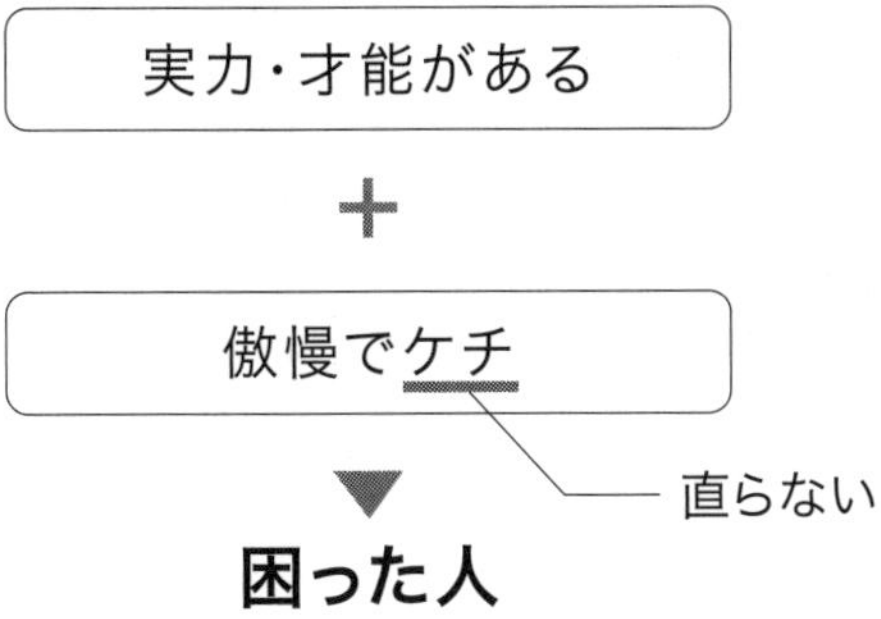

42

□信義・誠実の心があるか。

泰伯

子曰く、狂《きょう》にして直《ちょく》あらず、侗《おろか》にして愿《つつしみ》あらず、悾悾《こうこう》として信ならずんば、吾《わ》れこれを知らざるなり。

孔子は言った。熱狂的になる性格であるのに正直でない者、無知で子供っぽいのにきまじめでない者、無能であるのに信義誠実さのない者は、私も何としようもない。

人には欠点はあっても、見方を変えると長所の面もあったりするものだ。たとえば熱狂的になる人は自分の心に正直な人が多い。ところが不正直でありながら熱狂的な性格だとさすがの孔子もお手上げで手がつけられないという。

心の持ち方が正直で誠実であれば、たとえ才能がどんなに乏しかろうと孔子は見捨てないはずだ。

どうしようもない

- **狂**《きょう》にして**直**《ちょく》あらず
  （熱狂的）　（正直じゃない）
- **侗**《おろか》にして**愿**《つつしみ》あらず
  （無知）　（きまじめでない）
- **悾悾**《こうこう》として**信**《しん》ならず
  （無能）　（信義誠実さがない）

◎　子罕　第九　◎

43

子《し》、罕《まれ》に利を言う。命《めい》と与《とも》にし、仁と与《とも》にす。

孔子は利益のことについてはまれにしか言わなかった。そして言うときには、必ず天命と関連させて言うか、仁の道に関連させた。

ここの読み方としては「孔子は、利益と天命と仁とのことはほとんど言わなかった」とする人も多い。しかし、論語全体を見、そして利益についての孔子の考え方からして、本書のような解し方が説得的なように思える。

孔子が言いたいのは、利益のみを追いかけてはいけないということだろう。一つは天命というものがある。「人事をつくして天命を待つ」というように、自分の力だけではどうにもならないことがある。さらに仁の道すなわち正しい生き方、正当な方法、世の中に役立つ仕事によって得る利益であるべきだとの主張である。今では、「資本主義の精神」の真髄と言われていることを孔子は古くから説いていたのである。日本に資本主義が発展できたのは論語教育が江戸時代から全国民的に行われていたことも大きな理由の一つであろう。渡部昇一氏は、論語の影響は「奇跡の復興と言われた高度成長にまで及んでいる」(山本七平ほか『孔子』プレジデント社)と言われているが、私も全く同感である。

日本資本主義の父、渋澤栄一が唱えた「論語とそろばん」はそのよい例である。

□世の中に役立つ仕事をして利益を得ているか。

44

子曰く、吾《わ》れに知あらんや。知なきなり。鄙夫《ひふ》ありて我に問うに、空空如《こうこうじょ》たり。我は其の両端を叩いてこれを竭《つく》す。

孔子は言った。私はもの知りだろうか。いや、私はもの知りではないのだ。何の知識のないつまらない男でも、まごころを表して私にたずねてきたら、私は、自分のすみずみまでたたき尽くして、知っているかぎりのことを残すことなく教えるまでなのである。

孔子の謙遜した態度と、相手がどんな立場の者であろうと、誠意をもって教えを乞う場合は、全身全霊で自分の知るかぎりのことを教えようという気迫がわかる。仁の人、愛の大きい人であることが、よくうかがえる。

□相手のまごころにまごころで尽くせるか。

大宰《たいさい》、子貢《しこう》に問うて曰く、夫子《ふうし》は聖者なるか。何ぞ其《そ》れ多能《たのう》なるや、と。子貢《しこう》曰く、固《もと》より天、これを縦《ゆる》して聖を将《おこな》わしめ、又《ま》た能多《のうおお》からしむるなり。子《し》、これを聞きて曰く、大宰《たいさい》は我を知るか。吾《わ》れ少《わか》くして賤《いや》し。故に鄙事《ひじ》に多能《たのう》なり。君子は多からんや。多からざるなり。牢《ろう》曰く、子《し》云《い》えることあり、吾《わ》れ試《もち》いられず、故《ゆえ》に藝《げい》あり、と。

大宰の官にある人が子貢に向かって言った。孔先生は聖人なのでしょうね。何と多能な方なのでしょう。子貢は言った。たしかに天は先生の人格を伸ばせるだけ伸ばし、まさに聖人たらしめようとしているようです。その上に先生は本当に多能な方です。孔子がこの話を聞いて言った。大宰は、私のことを知っているのだろうか。私は、若いころ社会の下積みにあって貧乏な生活をしていた。だからどんなことでもやってきたので多能なのだ。君子は多能でなくてはならないのだろうか。そうではないだろう。このことについて子張（牢）は言った。孔先生から聞いたことがある。私は、世の中でよい地位を得てこれなかったために、このように何でもできるようになったのだ、と。

孔子は生まれが賤しかったとも言われている。だから小さい時から大変な苦労をしている。そのために、自分で何でもやらなくてはならず、そして何でもできるようになったようだ。

生まれつき何でもできる器用さもあったかもしれない。しかしこの多能であることと聖人とか、君子とか言われるものは別の観点であるとクギをさしているのがここでの趣旨ではなかろうか。

なお、福沢諭吉も子供のころから貧乏生活

であったこと、幼いころから母親だけの家庭だったこと、そして器用であったことから何でもやったと自伝で述べている。

　生まれがどうであろうと、器用であろうとなかろうと、君子になれる人は努力してなっていくものなのだというのが孔子の教えであろう。

□多能多芸を誇りすぎていないか。

46

子曰く、吾《わ》れは未《いま》だ徳を好むこと、色《いろ》を好むが如き者を見ざるなり。

子罕

孔子は言った。私は、いまだに色を好むほどに徳を好む者を見たことがない。

色とは異性への関心のことだ。そして進んで恋愛や性的関係を指すことがある。

性欲は食欲と並んで人間の持って生まれた本能である。だからこれを否定することはできない。ただ、〝美意識〟というものが欲しい。特に道を学び、人格を高める君子たるもの、色に心を奪われてしまってはいけない。色は、人生の励みとしたい。

論語を学び続けた徳の偉人とも言うべき渋澤栄一は、「道徳を色にたとえたのはいささか比倫を失うように思われる」と述べている。渋澤自身にとっても痛い言葉だったのだろうか。

そこで渋澤は、ここの文章は現代ではむしろ「われ未だ徳を好むこと利を好むがごとき者を見ず」にしたらよいと言う。「お金や物を好むようには徳を好もうとしない」ということだろう。これも孔子が言った〝色〟と同じく、正しい指摘ではあると思う。

□異性への関心が度を過ぎていないか。

47

子曰《しいわ》く、知者は惑《まど》わず。仁者は憂《うれ》えず。勇者は懼《おそ》れず。

孔子は言った。知者は迷わない。仁者は心配しない。勇者は恐れない。

知者とは道理をよく知る者だから迷うことがない。仁者はさらにその道理を身につけている人格者だから心配することは何もない。勇者は、道理に対する志気が高く、積極的だから恐れたり、しりごみしたりしないのである。

こうしてみると、孔子の教えは、現代に言われているいわゆる〝成功哲学（どうすれば人生で成功し、幸福になれるか）〟の真髄をも当然のように含んでいることがわかる。

ただし、孔子はその成功を個人の成功だけでなくより社会、天下のために生きることをも強調しているのである。

□迷っていないか。心配していないか。恐れていないか。

知者 ▶	迷わない
仁者 ▶	心配しない
勇者 ▶	恐れない

◎　先進　第十一　◎

48

子曰く、論《ろん》の篤《あつ》きに是《こ》れ与《くみ》すれば、君子《くんし》者《しゃ》か。色荘者《しきそうしゃ》か。

意見が立派だからというだけで、その人を信用するとなると、本物の君子（立派な人格者）なのか、見せかけだけにすぎない者か区別がつかないものだ。

言うことだけはよさげで中味や行動はさっぱりという人がけっこういるものである。本物の君子は、見せかけだけでは判断できないことを述べている。

□言うことだけ立派でないか。

49

季《き》子然《しぜん》、問う。仲由《ちゅうゆう》、冉求《ぜんきゅう》は大臣と謂《い》うべきか。子曰く、吾《わ》れは子《し》を以て、異《ことな》るをこれ問うと為す。曾《すな》わち由《ゆう》と求《きゅう》とをこれ問う。いわゆる大臣なる者は、道を以て君に事《つか》え、可《きか》れざれば則ち止《や》む。今、由《ゆう》と求《きゅう》や、具臣《ぐしん》と謂《い》うべきなり。曰く、然《しか》らば則ちこれに従う者か。子曰く、父と君とを弑《しい》するには、亦《ま》た従わざるなり。

季子然がたずねた。自分の召しかかえた仲由（子路）や冉求（冉有）は大臣というべき人物でしょうか。孔子は言った。これは異なる質問をなさいます。もっと偉大な人物のことをおたずねになると思ったのに由と求についておたずねになるとは。大臣というものは、正しい道をもって君に仕え、もし進言しても正しい道が行なわれなければすぐに地位を去るものです。そうだとすると由と求は、そこまでいかないので員数合わせのための具臣というべきものでしょう。季子然はさらにたずねた。具臣というなら主人の命令は何でも聞きますか。孔子は言った。父と君主を殺すような命令には決して従わないでしょう。

魯の大夫である季氏の一門の季子然が孔子の子路（仲由）や冉有（冉求）の高弟を召し抱えたので少し得意になり、またそのおかげで勢いを得ているのを自慢げにしているのを孔子がいさめている言葉である。また、弟子の子路と冉有への不満も少し感じられるとともに、最後の一線は必ず守るという確信を抱いていることがうかがえる。

□友人を信じられるか。

子路《しろ》、子羔《しこう》をして費《ひ》の宰《さい》たらしむ。子曰く、夫《か》の人の子を賊《そこな》わん、と。子路《しろ》曰く、民人《みんじん》あり、社稷《しゃしょく》あり、何ぞ必ずしも書を読みて、然《しか》る後に学と為《な》さん。子曰く、是《こ》の故《ゆえ》に夫《か》の佞者《ねいじゃ》を悪《にく》む。

子路が季氏に仕えているとき、子羔を推して領地である費の代官とした。孔子は言った。それはあの若者をだめにしてしまう。もっと学問を修めさせないといけない。これに対し子路は意見を述べた。治める国民がいて、守るべき領地もあります。何も書物を読むだけが学問と考えることはないのではないでしょうか。孔子は言った。だから私は口のうまい人間は嫌いなのだ。

子路が必ずしもまちがったことを言ったわけではないが、孔子から痛いところをつかれて、それを口でごまかそうとしたことから孔子は注意したのであろう。また、孔子の持論から、学問を十分にやってから仕事に就かないと大きなよい仕事ができなくなることを恐れているのである。

□ごまかし上手ではないか

◎　顔淵　第十二　◎

51

顔淵《がんえん》、仁を問う。子曰く、己《おの》れに克《か》ち、礼に復《か》えるを仁と為す。一日《いちじつ》、己《おの》れに克《か》ちて礼に復《か》えらば、天下仁に帰《き》せん。仁を為すは己《おの》れに由《よ》る。而《しこう》して人に由《よ》らんや。顔淵《がんえん》曰く、其の目《もく》を請《こ》い問う。子曰く、非礼は視《み》る勿《なか》れ、非礼は聴《き》く勿《なか》れ、非礼は言う勿《なか》れ、非礼には動く勿《なか》れ。顔淵《がんえん》曰く、回《かい》、不敏《ふびん》なりと雖《いえど》も、請う、斯《こ》の語を事《こと》とせん。

顔淵が仁についてたずねた。孔子は言った。内に向かっては自分に打ち克ち、外に向かっては礼の精神にたち返って実践していくこと（克己復礼）を仁という。一回でもこの克己復礼の仁を行うならば、その影響は天下に広まっていく。仁を行うかどうかは自分次第である。人によるのではない。顔淵はさらにたずねた。仁を行うにあたっての細目をお教えください。孔子は言った。礼にはずれたことを見ない。礼にはずれたことを聞かない。礼にはずれたことを言わない。礼にはずれたことをしない。顔淵は言った。回は愚か者ではございますが、このお言葉を実践していきたいと思います。

克己とか、克己復礼とかの有名な言葉はこの文章から来ている。仁ということはとても幅広い意味を持っている。ここでは自分の心をよくコントロールして外に向かって礼を実践していこうの意味である。そして、それはあくまでも自分自身がやるかどうかの問題なのだと教える。これができれば、それこそ仁の人に近づいていくであろう。

□まずは自分から実践しようと思えるか。

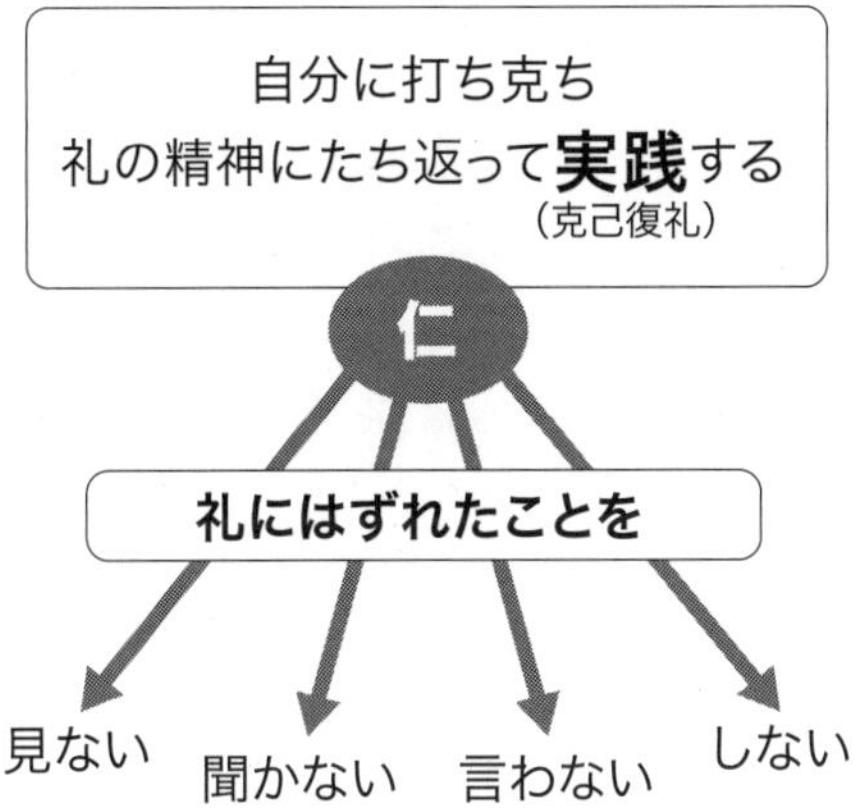
自分に打ち克ち
礼の精神にたち返って実践する
（克己復礼）
仁
礼にはずれたことを
見ない
聞かない
言わない
しない

52

仲弓《ちゅうきゅう》、仁を問う。子曰く、門を出《い》では大賓《たいひん》を見るが如く、民を使うには大祭《たいさい》を承《う》くるが如くす。己《おのれ》の欲せざる所は、人に施すことなかれ。邦《くに》にありて怨《うら》みなく、家にありても怨《うら》みなし。仲弓《ちゅうきゅう》曰く、雍《よう》、不敏《ふびん》なりと雖《いえど》も、謂《い》う、斯《こ》の語を事《こと》とせん。

仲弓が仁についてたずねた。孔子は言った。家の外に出て人と会ったときは、大切なお客さまのように接し、国民を公役に使う場合には、重大なお祭りを取り行うように慎んで行い、仁は人への思いやりであるから自分のしてほしくないことは他人にしないようにする。こうすれば政治上の地位にいても国民にうらまれることがなく、家庭にあってもうらまれることはない。仲弓が言った。私は愚か者ではございますが、このお言葉を実践していきたいと思います。

「己の欲せざる所は、人に施すことなかれ」の有名な言葉はこの文章から出ている。「人の喜ぶことをせよ」でもよいが、孔子は、中庸の考えからか、消極的な表現を用いる。それは「人の喜ぶこと」というとき、「人の喜ぶこと」が何かをまちがえ、積極ミスを犯しかねないからでもあろう。
とにかく、自分のしてほしくないことは他人にしないことの実践だけでもできれば、仁の人に近づける。

□自分のして欲しくないことを人にしていないか。

・外で人と会ったときは
大切なお客さまのように接する

・国民を公役に使うときは
慎んで行う

・自分のしてほしくないことは
他人にしないようにする

▶ **社会でも家庭でも
うらまれることがない**

53

司馬牛《しばぎゅう》、仁を問う。子曰く、仁者は其の言うこと訒《おそ》し。曰く、其の言うこと訒《おそ》くして、斯《ここ》にこれを仁と謂《い》うか。子曰く、これを為すこと難《かた》し。これを言いて訒《おそ》きことなきを得《え》んや。

司馬牛が仁についてたずねた。孔子は言った。仁の人は、その言葉がひかえめである。司馬牛は言った。その言葉がひかえめであれば、それで仁の人と言えるのですか。孔子は言った。何事も実践することは難しいことなのである。だから仁の人は当然言葉はひかえめなのである。

史記によると、司馬牛は孔子を人ちがいで殺そうとした司馬桓魋（かんたい）の弟だという。そしてこの弟の司馬牛はおしゃべりで軽率なタイプの男だったようだ。

渋澤栄一も「言葉多ければ品少く、じょう舌家は仁に乏し」と言っている。言葉に責任を取る人や実践することを重んじる人は、言葉を控えるのは当然である。口のうまい人間はそれだけ中味が空疎なつまらない人間であると言っていいだろう。

□話す言葉を控えめにしているか。

仁の人は言葉がひかえめ

何事も
実践することは難しいから
言葉がひかえめになる

54

司馬牛《しばぎゅう》、君子を問う。子曰く、君子は憂《うれ》えず懼《おそ》れず。曰《い》く、憂《うれ》えず懼《おそ》れず。斯《ここ》にこれを君子と謂うか。子曰く、内《うち》に省《かえり》みて疚《やま》しからずんば、夫《そ》れ何をか憂《うれ》え、何をか懼《おそ》れん。

司馬牛が君子についてたずねた。孔子は言った。君子は心配もしないし、恐れもしない。心配もせず、恐れもしない、それぐらいで君子と言えるのでしょうか。孔子は言った。心の中を反省して、自分にやましくない人にしてはじめて心配することもないし、恐れることもなくなるのだ。

気の小さい司馬牛は、孔子を殺そうとしたり、内乱を起こそうとしたりする兄のこともあって、心配や恐れが絶えることがなかったようだ。そこで孔子が自分自身が心にやましいことなく生きておれば君子と言えるし、何も心配しなくても恐れなくてもいいんだよとアドバイスしたのだろう。

私たちは日々の人生の中で、心配ごとは絶えることはない。しかし、まずは自分自身を正しく律して、心の中にやましいものをなくせば、何が起ころうと心配や恐れはなくなるという孔子の言葉を信じ、それを目指していきたいと思うのである。

□自分の心にやましいことはないか。

君子は

心配しない

恐れない

心の中を反省して
自分にやましくない人しか
こうなれない

55

子貢《しこう》、政《せい》を問う。子曰く、食を足《た》らわし、兵を足《た》らわし、民をしてこれを信ぜしむ。子貢《しこう》曰く、必ず已《や》むを得ずして去らば、この三者において何《いず》れをか先にせん。曰く、兵を去る。子貢《しこう》曰く、必ず已《や》むを得ずして去らば、この二者において何《いず》れを先にせん。曰く、食を去る。古《いにしえ》より皆《み》な死あり、民、信なければ立たず。

子貢が政治についてたずねた。孔子は言った。食糧を十分にし、軍備を十分にし、国民に信を持たせることである。子貢が続けてたずねた。どうしてもやむをえずに三つのうちから一つを捨て去るとしたら、何を捨て去りますか。孔子は言った。軍備を捨てよう。子貢はさらに続けてたずねた。どうしてもやむをえずに二つのうちから一つを捨て去るとしたら何を捨て去りますか。食糧を捨てよう。昔から誰にも死はある。しかし国民に信義・道徳がなくなると、生きていても人として安心して立つことすらできず、死んだ方がましと言えよう。

孔子は政治とは①経済生活の安定、②国防、③信義道徳教育の実践と浸透にあるとした。そしてもっとも重要なのが③であって、信義・道徳が社会に保たれるようにすることとした。人間が人間として万物の霊長であると言えるのは、この信があるからだと見ているのだ。渋澤栄一はこの部分の解説で、わが国の武士道の「精華実」はまさにこの孔子の教え、すなわち信義道徳の浸透であると述べている。

□信義、道徳が社会で一番大切なことだと知っているか。

やむをえない時にどれから捨てるのか?

❶ 国防

❷ 食糧

人は誰でも死ぬが
信義・道徳が行なわれなければ
死んだのも同然

56

樊遅《はんち》、仁を問う。子曰く、人を愛す。知を問う。子曰く、人を知る。樊遅《はんち》未《いま》だ達せず。子曰く、直《なお》きを挙げてこれを枉《まが》れるに錯《お》き、能《よ》く枉《まが》れる者をして直《なお》からしむ。樊遅《はんち》退きて子夏《しか》を見て曰く、郷《さき》にや吾《わ》れ夫子《ふうし》に見えて知を問うに、子曰く、直《なお》きを挙げてこれを枉《まが》れるに錯《お》き、能《よ》く枉《まが》れる者をして直《なお》からしむ、と。何の謂《い》いぞや。子夏《しか》曰く、富めるかな、言《げん》や。舜《しゅん》、天下を有《たも》ち、衆《しゅう》より選んで皐陶《こうよう》を挙げて、不仁者《ふじんしゃ》、遠ざかる。湯《とう》、天下を有《たも》ち、衆《しゅう》より選んで伊尹《いいん》を挙げて、不仁者《ふじんしゃ》、遠ざかれり。

樊遅が仁についてたずねた。孔子は言った。人を愛することである。次に知についてたずねた。孔子は言った。人を知ることである。樊遅はまだよくわからなかった。そこで孔子は言った。正しい人を引き立てて曲がった人の上に置くと、曲がった人も正しくなってくる。樊遅は退室して子夏に会って言った。先ごろ私は孔子先生にお会いして知についておたずねした。孔子先生は言われた。正しい人を曲がった人の上に置くと、曲がった人も正しくなってくる。これはどういう意味だろうか。子夏は言った。実に内容に富んだお言葉だ。舜（しゅん）が天下を治めた時、大勢の中から選んで皐陶（こうよう）を引き立てたため、仁でない者（よくない者）たちが遠ざかっていった。湯（とう）が天下を治めた時、大勢の中から伊尹を選んで引き立てたので、仁でない（よくない者）たちが遠ざかっていった。このことを孔先生はおっしゃっているのであろう。

孔子学校の生徒たちの学ぶ姿勢を見て、気分がすがすがしくなれる。

仁とは人を愛すること、知とは人を知り、世の中をよくしていくために活用していくことなのであろう。

□正しい人を上に立てているか。

57

□人の告げ口に振り回されていないか。

顔淵

子張《しちょう》、明《めい》を問う。子曰く、浸潤《しんじゅん》の譖《そし》り、膚受《ふじゅ》の愬《うった》え行われざるは、明《めい》と謂《い》うべきのみ。浸潤《しんじゅん》の譖《そし》り、膚受《ふじゅ》の愬《うった》え行われざるは、遠《えん》と謂《い》うべきのみ。

子張が明(明知・明察)についてたずねた。孔子は言った。水がじわじわとしみ込んでいくような悪口や肌身に受けるような痛切な訴えにも惑わされずにいて、そういうことが行われないようにさせれば明と言える。そして、これができる者は、遠くのことまで見通せる聡明な人と言えるだろう。

物事の本質を見誤ることのない明の人、すなわち明知・明察の聡明な人は、ふつうの人間だと判断を狂わしてしまうような、じわじわと効いてくるような讒言(ざんげん)やせっぱつまった訴えにも惑わされることがない。これは反対に、いかに人は、こうした他人の言葉で判断を狂わせるかも教えてくれている。

58

子曰く、君子は人の美を成《な》し、人の悪を成《な》さず。小人《しょうじん》は是《こ》れに反す。

孔子は言った。立派な人格者である君子は人の美点を認め、そしてその成功を願い協力する。つまらない小人はその反対で、他人の欠点ばかりを見て、その成功を妨げようとする。

リーダーの最大の資質は何であろうか。それは部下やスタッフの成長や成功を本当に心から願える人かどうかである。自らも成長し成功をはかろうと努力するとともに、他の人の幸せも願えなければ、真のリーダーにはなれない。

リーダーとは言わなくても立派な人格者、いい男、いい女とは、こんなところが別れ道となる。

□他人の美点を認め、成功を願えるか。

君子		小人
人の美点を認め	⇔	人の欠点ばかりを見て
その成功を願い	⇔	その失敗を願い
協力する	⇔	妨げようとする

59

曾子《そうし》曰く、君子は文《ぶん》を以て友を会《かい》し、友を以て仁を輔《たす》く。

曾子は言った。君子（立派な人格者）は文（学問・文芸）を学ぶことで友を集め、その友たちとの交際によって仁の道を進むものである。

「朋（友）あり、遠方より来る。また楽しからずや」と同じく、真の友は、学ぶ目的を同じくして、高め合うことができる人同志のことである。なお学習院の学友組織「輔仁会」はこの章から引用し、付けられた名である。

□高め合えるよいグループに入っているか。

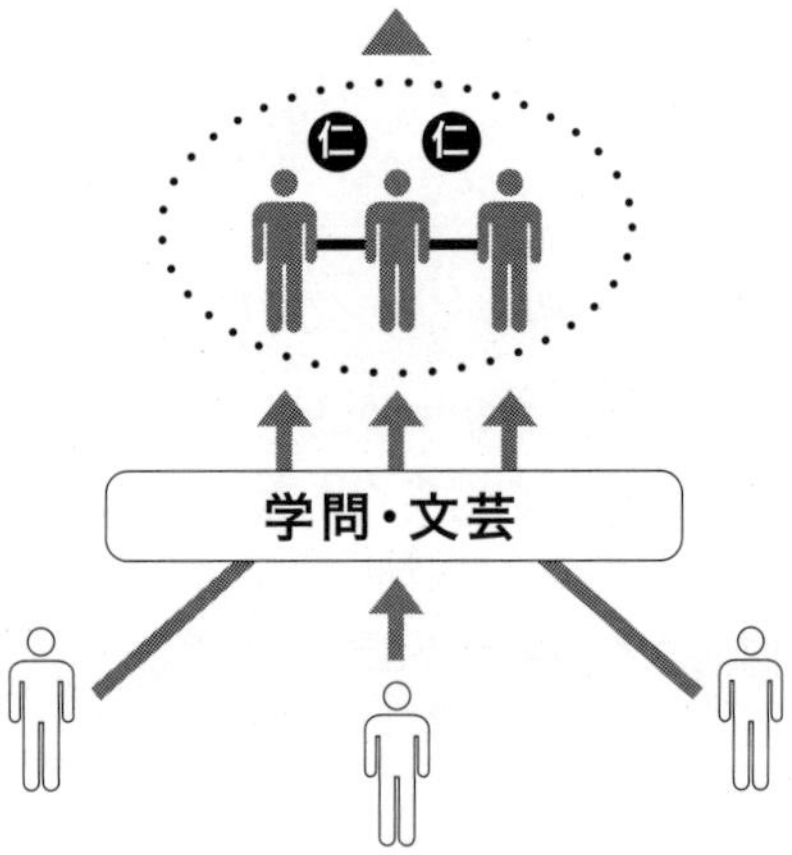

◎　子路　第十三　◎

60

子路《しろ》、政《まつりごと》を問う。子曰く、これに先んじ、これを労《ろう》す。益《えき》を請《こ》う。曰く、倦《う》むことなかれ。

子路が政治のやり方についてたずねた。孔子は言った。人々に率先して自分がやるべきことをやることである。そして人々に思いやりをもって接することである。子路はもう少し教えてくださいとお願いした。孔子は言った。これを飽きずに根気よく続けることである。

正しいことをやりつづけること。それを飽きたりあきらめたりしないでがんばること。これは政治だけでなく人生何事においても肝心なのである。

□正しいことを飽きずに続けられるか。

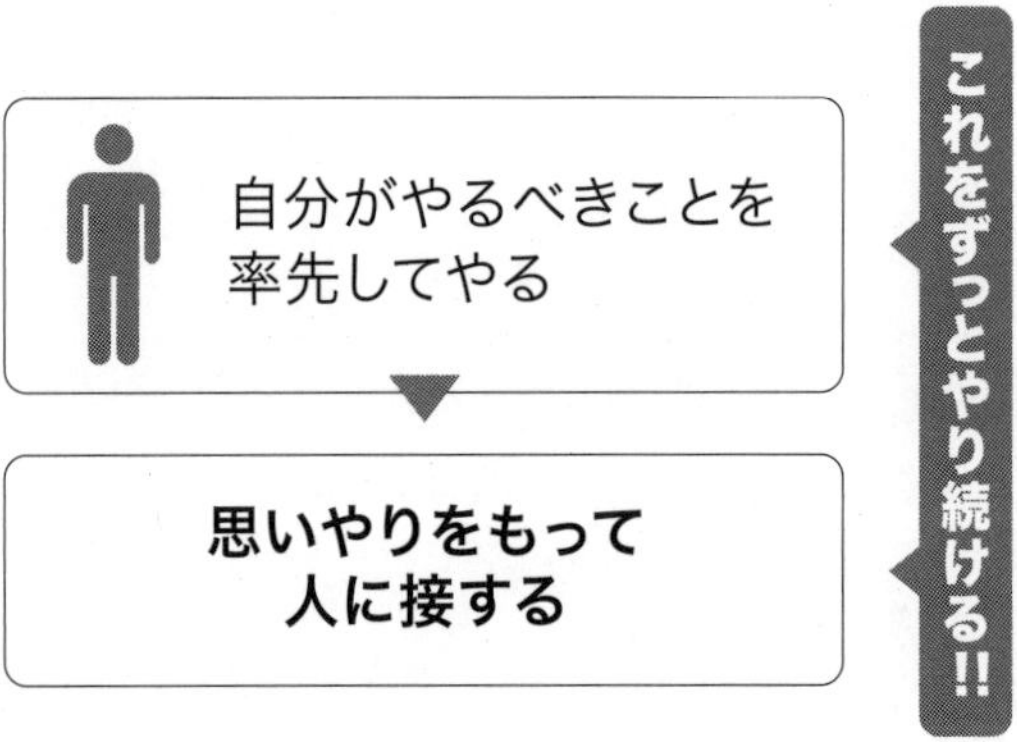
これをずっとやり続ける!!
自分がやるべきことを率先してやる
思いやりをもって人に接する

61

仲弓《ちゅうきゅう》、季氏の宰《さい》となり、政《まつりごと》を問う。子曰く、有司《ゆうし》を先にし、小過《しょうか》を赦《ゆる》し、賢才《けんさい》を挙げよ。曰く、焉《いずく》んぞ賢才《けんさい》を知りてこれを挙げん。曰く、爾《なんじ》の知るところを挙げよ。爾《なんじ》の知らざる所、人其《ひとそ》れこれを舍《お》かんや。

政治も会社の経営も人材次第である。人材をいかに選び登用するかがトップの者の力量、度量を示すものである。人材の登用が行われる組織が健全な活力のある組織となっていくのである。

□人材を登用しているか。

仲弓が魯の国の大夫である季氏の領地で長官となって、政治のことをたずねた。孔子は言った。部下となる役人の人事からやるとよい。部下の小さな失敗は許してあげるようにする。そして優秀な人材を登用することである。仲弓はさらにたずねた。どうやって優秀な人材を見出して登用しましょうか。孔子は言った。まずお前が見出した優秀な人材を登用するとよい。そうすると、お前の知らない優秀な人材を人がそのままにしておくはずがない。必ず推薦してくるであろう。

62

定公《ていこう》、問う。一言《いちげん》にして以て邦《くに》を興《おこ》すべきはこれあるか。孔子対《こた》えて曰く、言《げん》は以て是《かく》の若《ごと》くなるべからざるも、其《そ》れ幾《ちか》きなり。人の言《げん》に曰く、君たるは難《かた》く、臣たるは易《やす》からず、と。如《も》し君たるの難《かた》きを知らば、一言《いちげん》にして邦《くに》を興《おこ》すに幾《ちか》からずや。曰く、一言《いちげん》にして邦《くに》を喪《ほろぼ》すもの、これありや。孔子対《こた》えて曰く、言《げん》は以て是《かく》の若《ごと》くなるべからざるも、其《そ》れ幾《ちか》きなり。人の言《げん》に曰く、予《わ》れ君たるを楽しむことなし。唯《た》だ其《そ》れ言いて、予《わ》れに違うなきなり。如《も》し其《そ》れ善くしてこれに違うなくんば、亦《ま》た善《よ》からずや。如《も》し善《よ》からずして、これに違うなくんば、一言《いちげん》にして邦《くに》を喪《ほろぼ》すに幾《ちか》からずや。

魯の定公が、ただ一言で国を盛んにすることができるような言葉がありますか、とたずねた。孔子は答えて言った。言葉はそうしたものではないと思われますが、それに近いものはあります。世間で言われている言葉に「君主であることは難しく、臣下であることもやさしくはない」というのがあります。もし君主が君主であることの難しさを本当に悟るというのであれば、一言にして国を盛んにするのに近い言葉であると言えるでしょう。定公はまたたずねた。それでは、一言で国を亡ぼすような言葉はありますか。孔子は答えて言った。言葉はそうしたものではないと思われますが、それに近いものはあります。世間で言われている言葉に「君主であることは楽しいことではない。ただし何でも言ったことは誰も逆らわない」。もし、善いことでそれに逆らわないというのなら結構なことですが、もし、善くないことでもそれに逆らわないというのであれば、この言葉は一言で国を亡ぼすということに近いと言ってよいでしょう。

トップとしての心得を教えてくれるものである。ワンマンリーダーの陥りやすい弊害である。人が自分に逆らわないことを楽しむことは、国や組織を結局亡ぼしていくことになる。人の上に立つ者は、常に自分を戒めていかなくてはならないのである。

□地位や肩書きに甘んじていないか。

「君主であることは難しく、
臣下であることもやさしくはない

↕

「君主であることは楽しいことではない
ただし、何でも言ったことは誰も逆らわない

63

葉公《しょうこう》、政《まつりごと》を問う。子曰く、近き者説《よろこ》び、遠き者来《き》たる。

楚の地方長官である葉公が政治のあり方をたずねた。孔子は言った。自分の担当している近隣の人たちが喜ぶような政治をし、それを知って遠くの人たちが移り住んでくるような政治をすることです。

政治は何のためにするのか。究極の目的は国や地域の安定と住民の幸福増進である。住んでいる人々が満足する政治が行われていれば、必ずそこに憧れて移り住む人が増えてくるのである。これは現代においてもまったく当てはまる。そういう政治をしなさいと孔子は教えるのだ。

□自分の周りの人たちを喜ばせられるか。

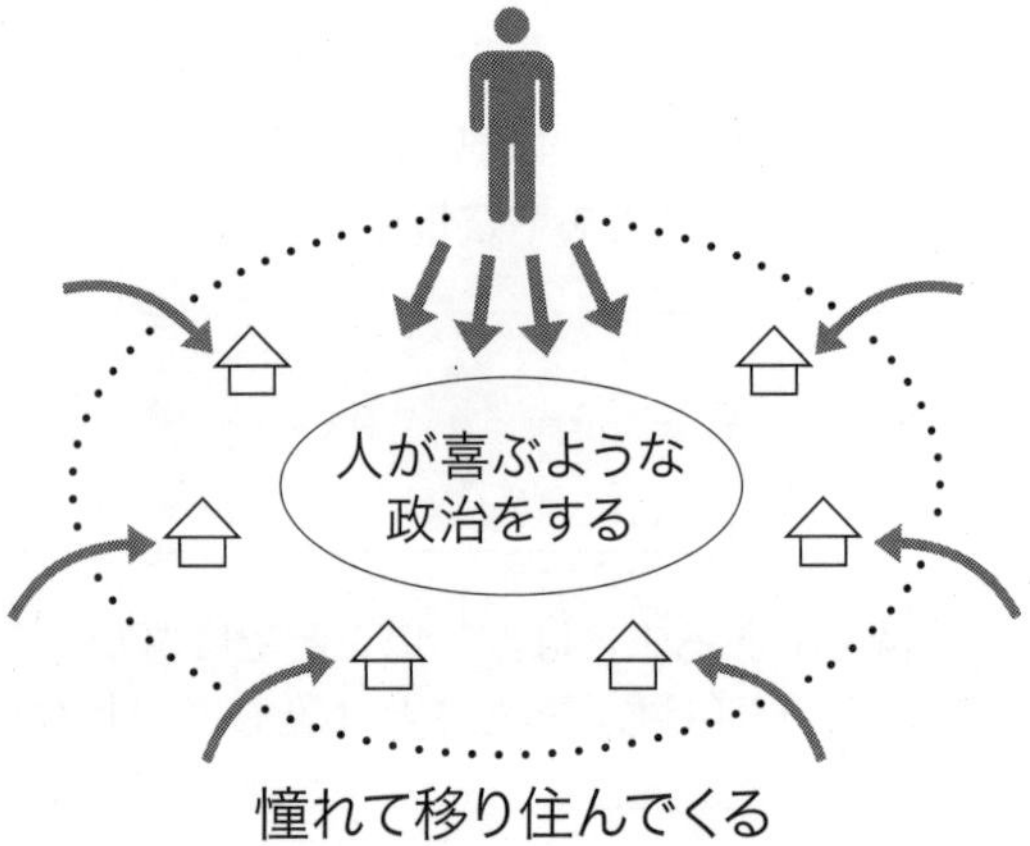
人が喜ぶような
政治をする
憧れて移り住んでくる

64

子夏《しか》、莒父《きょほ》の宰《さい》となり、政《まつりごと》を問う。子曰く、速《すみ》かなるを欲するなかれ。小利《しょうり》を見るなかれ。速《すみ》かならんと欲すれば則ち達せず。小利《しょうり》を見れば、則ち大事《だいじ》成《な》らず。

子夏が魯の莒父の長官となって、政治のやり方をたずねた。孔子は言った。急いで成果を出そうと思ってはいけない。目の前の小さな利益に惑わされてはいけない。急いで成果を出そうとすると、かえって本来の目的は達せられないし、目の前の小さな利益に惑わされると大事は成し遂げられない。

功をあせるとかえって失敗する。また、小さな利益を追いかけすぎると大事な仕事は完成しないことを注意している。

□目の前の小さな利益に惑わされていないか。

政治とは

急いで成果を出そうとしてはいけない

▼

かえって本来の目的は達せられない

目の前の小さな利益に
惑わされてはいけない

▼

大事が成し遂げられない

65

樊遲《はんち》、仁を問う。子曰く、居處《きょしょ》するに恭《うやうや》しく、事《こと》を執《と》るに敬《つつ》しみ、人に与《むか》って忠ならば、夷狄《いてき》に之《ゆ》くと雖《いえど》も、棄《す》つべからざるなり。

樊遲が仁についてたずねた。孔子は言った。家でのんびりくつろいでいるときでも慎しみ深くし、仕事をするときにはそれに打ち込んでまじめに行い、人とつき合うときは誠意をもってつくすようにする。これはたとえ野蛮な夷狄の地に行っても捨て去ってはいけない心がけである。

仁とは何かについて、いろいろな言い方、説明の仕方で孔子は教えようとする。ここでは、何事にも誠意をもって慎んで行うことだと教えている。

□いつでも仁の心、誠実な心を忘れないでいるか。

子路

❶ 家にいるときも慎み深く

❷ 仕事をするときはまじめに

❸ 人とつき合うときは
誠意をもってつくす

▼

たとえ野蛮な地に行っても
捨て去ってはいけない

66

子曰く、剛《ごう》、毅《き》、木《ぼく》、訥《とつ》なるは仁に近し。

孔子は言った。意志が強くて物欲に屈しないという「剛」、志がくじけることのなく勇敢な「毅」、質朴で飾らない「木」。口数の少ない「訥」の者は、仁に近い者と言える。

孔子は口数の多い者や目先の私欲にふらつく者を嫌った。この剛毅木訥という四文字は日本の武士道においても尊重された。吉田松陰も好んで用いた言葉であった。

□物欲に振り回されていないか。

剛 意思が強くて物欲に屈しない

毅 志がくじけず、勇敢

木 質朴で飾らない

訥 口数が少ない

◎　憲問　第十四　◎

67

克《こく》・伐《ばつ》・怨《えん》・欲《よく》、行われざるは、以て仁と為すべきか。子曰く、以て難《かた》しと為すべし。仁は則ち吾《わ》れ知らざるなり。

原憲(げんけん)がたずねた。人が他の人に何でも勝とうとすること、自慢すること、うらむこと、欲張りであることをおさえて行わないことができれば、仁と言えるでしょうか。孔子は言った。それらはなかなか難しいことであるが、それだけで仁と言えるかどうかはわからないところだ。

仁と言えるかわからないということは、まだ不十分であるということだろう。仁はさらに積極的な面、たとえば、さらに誠実に学びつづけていくこと、人を愛すること、思いやることが含まれているということであろう。

□他の人に何でも勝とうとしていないか。

- 克 他人に何でも勝とうとすること
- 伐 自慢なこと
- 怨 うらむこと
- 欲 欲張りであること

▼

これらを行わなければ仁か？

▼

これだけでは不十分。
仁とはもっと積極的な面をもつ

68

子曰く、君子にして不仁《ふじん》なる者はあるかな。未《いま》だ小人《しょうじん》にして仁ある者あらざるなり。

孔子は言った。君子（立派な人格者）であっても、時に仁をめざす道からはずれることもあるかもしれない。しかし、小人（つまらない人物）が仁に至ることは決してありえない。

君子は徳を修めて仁に近づこうとする人だが、人間だからまちがえることもある。しかし、反省し、気づくと再び正しい道へ戻ってくる。これに対し小人は、はなから徳を修める気はなく、自分の目の前の利益しか関心がないため、決して正しい道を歩めることはなく、仁に近づけることもないのだ。

□正しい道に戻れるか。

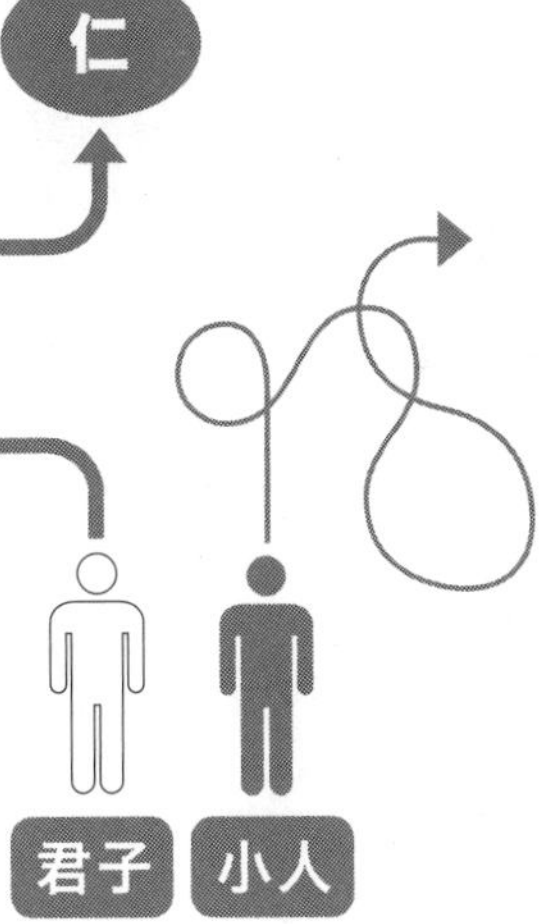

69

子曰く、徳ある者は必ず言《げん》あり。言《げん》ある者は必ずしも徳あらず。仁者は必ず勇あり。勇者は必ずしも仁あらず。

孔子は言った。徳のある人格者の言葉は必ずいい。しかし、言葉でいいことを言う人が必ず徳のある人格者とは限らない。徳のある最高の人格者は必ず勇気がある。しかし勇気がある人が必ずしも徳のある最高の人格者とは限らない。

人間としてしっかり修養ができている人の言葉は、さすがに心に響くものがある。しかし、言葉だけは立派だが、まだそこまで人間として高まっていない人がいる。特に〝巧言令色〟の人、すなわち口がうますぎたり、見せかけ・ポーズのうますぎる人に仁者（最高の人格者）はほとんどいない。そればかりか他人を惑わす迷惑者が多い。

同じく勇気を口にしたり、勇ましい行動をとる人の中には、中味がともなっていないため危険な行動をとることになる人がいる。これに対し、仁者は正しいことを怯むことなくやるから、必ず勇気ある人である。

□徳ある人格者をめざしているか。

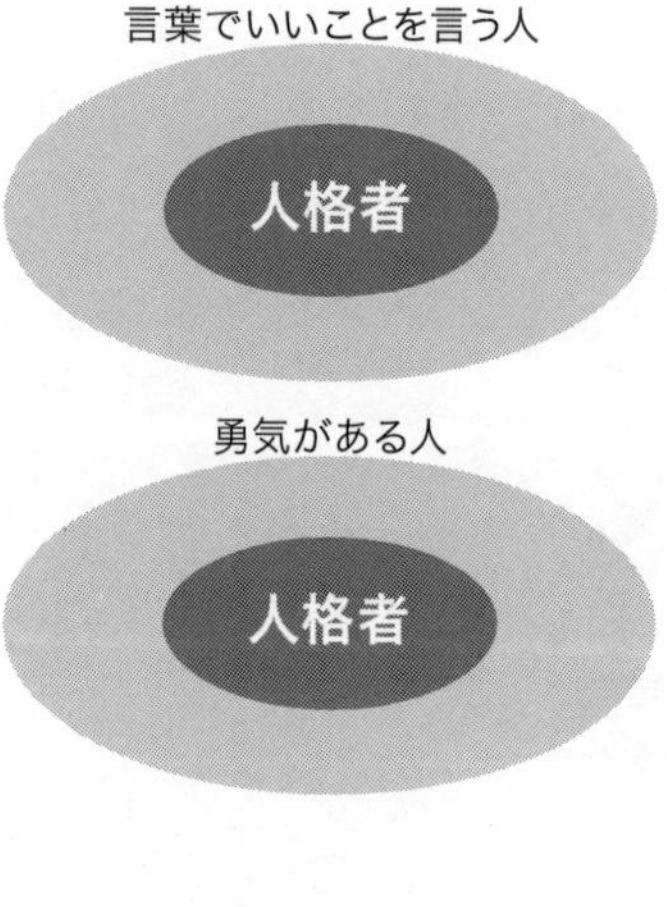

70

子路《しろ》曰く、桓公《かんこう》、公子《こうし》糾《きゅう》を殺して、召忽《しょうこつ》これに死し、管仲《かんちゅう》は死せず。曰く、未《いま》だ仁ならざるか。子曰く、桓公《かんこう》は諸侯を九合《きゅうごう》し、兵車《へいしゃ》を以てせざるは、管仲《かんちゅう》の力なり。其の仁《じん》如《し》かんや、其の仁《じん》如《し》かんや。

子路が孔子にたずねた。斉の桓公は君主の地位後継を争って公子糾を殺しました。公子糾に仕えていた召忽と管仲のうち、召忽は殉死したのに管仲は死なず、桓公に仕え宰相にまでなりました。管仲は仁の人（最高の人格者）とは言えないでしょうね。孔子は言った。桓公が諸侯を集めて会合し、その盟主となるのに武力を用いず、平和的に行えたのは管仲のおかげである。殉死した召忽も立派だが、管仲の仁の大きさ（人格の大きさ）には及ぶものではない。とても及ぶものではない。

日本人的な発想からすると、子路の疑問もよくわかる。現に武士道下の日本においては儒学者たちは管仲を教えることを好まなかったという。

桓公がなぜ敵の家来を抱えたかというと、桓公を補佐する鮑叔（ほうしゅく：管仲の古くからの親友だった）が桓公に、「あなたが天下の覇者となりたいのであれば私では力不足で、管仲を登用すべきである」と強く推したからである。この管仲と鮑叔の友情の故事からできた言葉が「管鮑の交わり」である。すなわち「管鮑の交わり」とは「友人同士の親密な交際」（広辞苑）のことを意味するのである。

□視野を広げて観察できているか。

71

子貢《しこう》曰く、管仲《かんちゅう》は仁者に非《あら》ざるか。桓公《かんこう》、公子糾《こうしきゅう》を殺したるに、死する能《あた》わず。又《ま》たこれを相《たす》く。子曰く、管仲《かんちゅう》は桓公《かんこう》を相《たす》けて、諸侯に覇《は》たらしめ、天下を一匡《いっきょう》す。民、今に到《いた》るまで、其《そ》の賜《たまもの》を受《う》く。管仲微《かんちゅうなか》りせば、吾《わ》れ其《そ》れ髪を被《こうむ》り、衽《えり》を左《ひだり》にせん。豈《あ》に匹夫《ひっぷ》匹婦《ひっぷ》の諒《まこと》を為し、自ら溝瀆《こうとく》に經《くび》れてこれを知らるる莫《な》きが如《ごと》くならんや。

子貢は孔子に言った。管仲は仁者（最高の人格者）とは言えないのではないですか。桓公が公子糾を殺したとき一緒に死ぬことができませんでした。しかも敵である桓公に仕え、これを助けているからです。孔子は言った。管仲は桓公を助けて諸侯の覇者とし、周王室を尊ばせ、天下を正しくせしめた。国民も今に至るまでその恩恵を受けている。もし管仲がいなかったら中国は野蛮な外国に侵略され、髪は結ばないざんばら髪で、服も左前に着ることになっていただろう。管仲の行いは、どうして若い男女が約束を守り通して溝の中で首をくくって死に、世にその名を知られずに終わる生き方と比較できるだろうか。

管仲は斉の宰相になって富国強兵を進める。その政治は次のようなものだった。
「簡単に言いますと、政治のエッセンスというのは、倫理道徳をきちんとすることです。倫理道徳は根本であり、それがなかったら国は滅びます。しかも人々が倫理道徳を守るようになるためには、経済が豊かでなければなりません。だから経済政策によって十分に生活を安定させ、それから倫理道徳をきちんとするようにし、そして強い軍隊を作って天下の覇者になるのです」（小室直樹『世界英雄伝　管仲』、スーパービジネスマン　１９９６年２

月号)。

　なお、管仲の言葉であるとされる「倉廩(そうりん)実(み)ちて礼節を知り、衣食足りて栄辱を知る(倉庫が満ちてはじめて礼節を知るようになり、衣食が足りてはじめて名誉と恥を知る)」は、日本でも有名である。

□どれだけ世の中に貢献できているのか。

72

子曰く、我を知るもの莫《な》きかな。子貢《しこう》曰く、何すれぞ其《そ》れ子《し》を知る莫《な》からんや。子曰く、天を怨《うら》みず、人を尤《とが》めず。下学《かがく》して上達《じょうたつ》す。我れを知る者は、其《そ》れ天なるか。

孔子は言った。世の中に私を知る者はいない。子貢は言った。どうして先生を知らないということなどありえましょう。それを聞いて孔子は言った。天をうらんだり不運をなげいたりすることなく、人をとがめ人のせいにもしない。ただ、身近なことから学び始め、だんだんに高い領域のところまで到達できてきた。こういう私を知ってくれるのは、やはり天だけであろう。

まず冒頭にある孔子の言葉は、自分は人に知られたくて学問に励んできたのではないことを言いたかったのであろう。その点を子貢は理解至らず、先生は誰もが知り、尊敬していますよ、と言ったのかもしれない。さすがに孔子はその見方をさとしてあげているのである。

□不運を嘆き、天を恨んでいないか。

◎ 衛靈公　第十五 ◎

73

子曰く、志士《しし》、仁人《じんじん》は、生《せい》を求めて以て仁を害するなく、身を殺して以て仁を成《な》すあり。

孔子は言った。志士、すなわち仁の徳を修めようと学問を志す人や、仁人、すなわちすでに仁の徳を修めた人は、命が惜しいと言って仁の道に背くようなことはしない。むしろ自分の身を犠牲にしても道を守ろうとすることがある。

まさにこれが日本の武士道精神の根本思想であろう。いや、日本人が古来より大事にしてきた、世のため人のために正しいことをしていくという心のあり方に通じる教えである。

□正しい道を守るためには身を犠牲にできるか。

74

子貢《しこう》、仁を為さんことを問う。子曰く、工《こう》、その事を善《よ》くせんと欲すれば、必ず先《ま》ず其の器《き》を利にす。是《こ》の邦《くに》に居《お》るや、其の大夫の賢なる者に事《つか》え、其の士《し》の仁なる者を友とす。

子貢が仁の実践法をたずねた。孔子は言った。職人がよい仕事をしようと思うと、まずその道具を磨く。同じように、自分のいる国においては大夫の賢い人を選んで仕えて学び、また、学問を志して仁を得ようとする人と友人となり、お互い励まし合うようにすることだ。

現代においても仕事ができる人になる一番手っ取り早い方法は、できる人の下で働くことである。そして、前向きな仲間をつくって励まし合うことである。

□できる人たちの近くにいるか。

仁の実施法

・賢い人を選んで仕えて学ぶ

・学問を志して仁を得ようとする人と友人になり励まし合う

75

子曰く、君子はこれを己《おのれ》に求め、小人《しょうじん》はこれを人に求む。

孔子は言った。君子（立派な人格者）はすべてのことについて自分に責任を問うが、小人（つまらない人間）はすべて責任を他人に求める。

人が成功するための法則のひとつに、責任を他人のせいにしない生き方をするというのがある。明治の文豪、幸田露伴もこれを説いたが、孔子の教えを当然学び身につけていたのであろう。

□自分が責任を負っているか。

君子 すべてのことについて
自分に責任を問う

小人 すべてのことについて
他人に責任を求める

76

子曰く、君子は言《げん》を以て人を挙《あ》げず、人を以て言《げん》を廃《はい》せず。

孔子は言った。君子（立派な人格者）はその人を評価、抜擢するのに、その人の言葉だけでは行わない。また、たとえつまらない人物の言葉だからといって、まったく無視することもしない。

使う言葉は重要である。しかし、中には良いことばかり言うがまったく実践がない人もいる。つまらない人間の意見は無視してもよいが、その中に「なるほど、これはいい」というのがあれば取り入れていけるのが視野が広まっていい。ただ、これはかなりの人格者でないとできないことだろう。できたら君子なのだ。

□人の言葉をまったく無視していないか。

君子の言葉への態度

その人の言葉にだけで評価を行わない

つまらない人物の言葉だからといって
まったく無視してしまうこともしない

77

子曰く、知これに及ぶも、仁もてこれを守る能《あた》わざれば、これを得ると雖《いえど》も、必ずこれを失う。知これに及び、仁もて能《よ》くこれを守るも、荘《そう》にして以てこれに泣《のぞ》まざれば、則ち民は敬せず。知これに及び、仁もて能《よ》くこれを守り、荘《そう》にして以てこれに泣《のぞ》むも、これを動かすに礼を以てせざれば、未《いま》だ善《よ》からざるなり。

孔子は言った。知識・智略に優れていても仁徳を守る人でないと、指導者の地位を得ても必ずこれを失うことになる。知識・智略があり仁徳を守っていても、威厳をもって臨まないと人々は尊敬しないだろう。知識・智略があり仁徳を守り威厳をもって臨んだとしても、人々を使い動かすのに礼をもってしないと完全に善いとはいえない。

これは君主たる者の心得を述べたものであろうが、現代のリーダーとしての心得としても完全なものであると言っていい。

□知識・智略におぼれていないか。

仁 ≧ 人の生活においての
火 や 水
(必要なもの)

78

子曰く、民の仁におけるや、水火《すいか》よりも甚《はなはだ》し。水火《すいか》は吾《わ》れ蹈《ふ》みて死する者を見る。未《いま》だ仁を蹈《ふ》みて死する者を見ざるなり。

孔子は言った。水と火は人の生活において必ずなくてはならないが、仁はそれ以上に大切なものである。私は、水において溺れ死んだり、火によって焼け死んだりする者を見たことがあるが、仁の道を歩んで死んだものは見たことがない。

孔子は仁、すなわち人への思いやりや愛する気持ち、人として持つのが望ましい徳などが、いかに人間にとって大切なのかを言いたいのである。

□仁の道、思いやりある生き方を避けていないか。

礼 ＞ 威厳 ＞ 仁徳 ＞ 知識・智略

79

子曰く、君子は小知《しょうち》せしむべからずして、大受《だいじゅ》せしむべきなり。小人《しょうじん》は大受《だいじゅ》せしむべからずして、小知《しょうち》せしむべきなり。

孔子は言った。君子（立派な人格者）は小さな仕事を任せてもうまくやれないことがあるが、大切な大きな仕事は任せられる。小人（つまらない人間）は大きな仕事を任せられないが、小さな細かな仕事はうまくやる。

君子になるまでは修養がいる。その過程で目の前の仕事に打ち込んで成長していくのである。始めから君子はいない。しかし君子、すなわち立派な人格者にまでなると、細かな小さな仕事でなく、大切な大きな仕事ほどその能力がよく発揮される。だから大きな仕事を任せられる。小人は逆で、大きなことは頼めず、小さい細かな仕事のみはうまくやる。つまり大勢には影響しない仕事である。

□小さな仕事で満足していないか。

君子 **大きな仕事は任せられる**
（小さな仕事はうまくやれないこともある）

小人 **細かな仕事はうまくやる**
（大きな仕事は任せられない）

80

子曰く、仁に當《あた》りては師に譲らず。

孔子は言った。仁の実践については先生に遠慮することはない。どんどん先に進んでよいのである。

仁の徳の行いについてだけは、師であろうと父母であろうと、遠慮もいらないのである。それをとがめる人もいないはずである。

□徳の実践を遠慮していないか。

◎　季子　第十六　◎

孔子曰く、君子に九つの思いあり。視《み》るには明《めい》を思い、聴くには聡《そう》を思い、色《いろ》には温《おん》を思い、貌《かたち》には恭《きょう》を思い、言《げん》には忠《ちゅう》を思い、事《こと》には敬《けい》を思い、疑《うたが》いには問いを思い、忿《いか》りには難《なん》を思い、得《う》るを見ては義《ぎ》を思う。

孔子は言った。君子には九つの思うべきことがある。物を見るときはしっかりと見ようと思い、聞くときは正しくはっきりと聞こうと思い、顔つきは穏やかであろうと思い、容貌や身振りは慎み深く上品であろうと思い、言葉は誠実でありたいと思い、仕事には注意深くまちがえないようにと思い、疑問が出たときは人に問おうと思い、腹が立ち怒ったら後の面倒を思い、利益を目の前にしたらそれが正当なものかを思うのである。

すべての正しい行いは、正しい思いがあってできることだ。そのために場面場面でまちがいないようにと、正しい思いのあり方を細かく教えてくれている。

家康の研究もしていた山本七平は、家康は子供のときから論語を精読していたと述べる。そして次のように言う。「後代は家康を『タヌキおやじ』にしたが、同時代の評価は『律儀者』である。確かに彼は同盟関係を裏切らず、その行動はまさに『九思』で自己を律したと思われる」（『論語の読み方』祥伝社）。

□思慮を広く、深くめぐらしているか。

❶ しっかり見る
❷ 正しくはっきりと聞く
❸ 顔つきはおだやかであろうと思う
❹ 容姿・身なりは慎み深く上品に
❺ 言葉は誠実でありたい
❻ 仕事は注意深くまちがえないように
❼ 疑問が出たときは人に聞く
❽ 腹が立ったら後の面倒を思う
❾ 利益を目の前にしたら正当なものかを思う

◎　陽貨　第十七　◎

82

子《し》、武城《ぶじょう》に之《ゆ》き、弦歌《げんか》の声を聞く。夫子《ふうし》、莞爾《かんじ》として笑いて曰く、鶏《にわとり》を割《さ》くに、焉《いずく》んぞ牛刀《ぎゅうとう》を用いん。子游《しゆう》対《こた》えて曰く、昔は偃《えん》や、これを夫子《ふうし》に聞く。曰く、君子《くんし》道《みち》を学べば則ち人を愛し、小人《しょうじん》道《みち》を学べば則ち使い易《やす》し、と。子曰く、二三子《にさんし》、偃《えん》の言是《げんぜ》なり。前言《ぜんげん》は之《これ》に戯《たわむ》れしのみ。

孔子が、子遊（偃）が長官をしている武域に行った。いたるところで琴の音が聞こえ、雅楽を楽しむ声が聞こえた。孔子は微笑んで言った。「鶏の料理をするのに大きな牛刀（牛切り包丁）を使うことはないだろう」。子遊は答えて言った。「昔、偃（私）は先生にこのことをたずねると、こうおっしゃいました。『上に立つ君子が道を学べば国民を愛するようになり、人々が道を学べばよい国民となる』と」。それを聞いて、孔子は言った。「みんなもわかっていると思うが、偃の言うとおりである。先の私の言葉は戯れの冗談である」。

有名な「鶏を割くのにいずくんぞ牛刀を用いん」の諺はここから出た。

孔子は「子遊ほどの人物には武城のような小さな町でなく、もっと大きな場所で仕事をしてもらいたいものだ。世の中の者はわかっていないな」と言いたかったとも見ることができる。子遊の反論に言い訳もせず「冗談だった。ごめんな」という感じが、孔子の人物の大きさを見させてくれるようだ。

□失言したらすぐ訂正できるか。

83

子曰く、色厲《いろはげ》しくして、内荏《うちやわら》かなるは、諸《これ》を小人《しょうじん》に譬《たと》うれば、其《そ》れ猶《な》お穿窬《せんゆ》の盗《とう》のごときか。

孔子は言った。顔つきや態度は偉そうで立派だが本当の中身は弱くていいかげんな者は、これをつまらない人物にたとえるならば、びくびくして盗みを働く、こそ泥のようなものだ。

孔子は政治上の権力をかさに国民には重税を課し、自分たちだけは利益を貪ろうとする者を批判したと思われる。今では、政治家、官僚はもちろん、大きな組織、名のある組織をバックにして偉そうにしている、しかし中味は何もなく目の前の自分の欲得にこだわる人間と言っていいだろう。

□中味もないのに偉そうにしていないか。

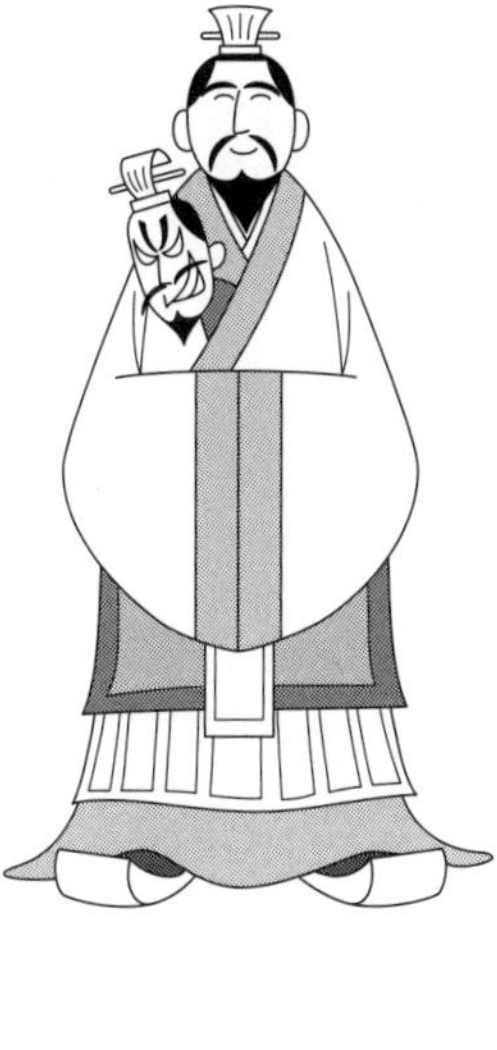

84

子張《しちょう》、仁を孔子に問う。孔子曰く、能《よ》く五者《ごしゃ》を天下に行うを仁と為す。これを請《こ》い問う。曰く、恭《きょう》・寛《かん》・信《しん》・敏《びん》・恵《けい》なり。恭《きょう》なれば則ち侮《あなど》られず。寛《かん》なれば則ち衆《しゅう》を得。信《しん》なれば則ち人これに任《う》ず。敏《びん》なれば則ち功あり。恵《けい》あれば則ち以て人を使うに足る。

子張が仁とは何かを孔子にたずねた。孔子は言った。五つのことを広く天下に行うことができるようであれば仁と言える。子張は「その五つを教えてください」とお願いした。孔子は答えて言った。「その五つとは恭、寛、信、敏、恵である。恭は自分が慎んでおごらないことだが、そうすると人に侮られない。寛は寛大であることだが、そうすると人望を得られる。信は信義を守ることだが、そうすれば人に信頼される。敏はすぐ実行するということだが、そうすれば業績があがる。恵とは人に恵み与えることだが、そうすることで人がついてきてくれて、やりたいことができるようになる」。

孔子が子張に教えたのは、仁政を行うにはどうあるべきかという政治面のことのようである。ただ、私たちはこの五つの徳を修めることで、いろいろな場面で人の上に立つ者、すなわちリーダーの心得として学ぶことができる。

□リーダーの心得を学んでいるか。

❶恭	慎んでおごらない	▶ 人に侮られない
❷寛	寛大であること	▶ 人望を得られる
❸信	信義を守る	▶ 人に信頼される
❹敏	すぐ実行する	▶ 業績がある
❺恵	人に恵み与える	▶ 人がついてきてくれてやりたいことができる

85

子貢《しこう》曰く、君子も亦《ま》た悪《にく》むことあるか。子曰く、悪《にく》むことあり。人の悪《あく》を称《しょう》する者を悪《にく》む。下流《かりゅう》に居《お》りて上《かみ》を訕《そし》る者を悪《にく》む。勇にして礼なき者を悪《にく》む。果敢にして窒《ふさ》がる者を悪《にく》む。曰く、賜《し》や、亦《ま》た悪《にく》むことあるかな。徼《むか》えて以て知と為す者を悪《にく》む。不孫《ふそん》にして以て勇と為す者を悪《にく》む。訐《あば》きて以て直《ちょく》と為す者を悪《にく》む。

子貢が「君子（立派な人格者）でも人を憎むことがありますか」とたずねた。孔子は言った。「君子でも憎むことはあるものだ。人の欠点を言いふらして回る者を憎む。部下でありながら陰で上司の悪口を言う者を憎む。勇ましがってばかりで礼儀知らずの者を憎む。やたら新しいことに挑戦するが、すぐ行き詰まりあきらめる者を憎む」。そして子貢に向かって「賜よ。お前も憎むものがあるか」と言った。子貢は答えて言った。「他人の考えを盗み、先取りして自分の考えのように言う者を憎みます。自分の傲慢な振る舞いを勇気があるなどと思い込んでいる者を憎みます。他人の秘密を暴露して、それが正直であると思っている者を憎みます」。

孔子の考え方は、人をよく見て付き合いなさいということである。人が皆、よい人ではなく、悪い人と付き合っては大変な目に合ってしまうからである。

ここで孔子と子貢が言う憎むべき人は、今の時代にもよく当てはまると言えるのではないか。

□人の欠点を言いふらしていないか。

君子の憎むもの

人の欠点を
言いふらして回る者

陰で上司の悪口を
言う部下

勇ましかって
礼儀知らずのもの

新しいことに挑戦するが、
行き詰まるとあきらめる者

［子貢の憎むもの］

他人の考えを盗み、
先取りして自分の考えの
ように言う者

傲慢な振る舞いを
勇気があると
思い込んでいる者

他人の秘密を暴露して、
それが正直であると
思ってる者

◎　微子　第十八　◎

86

周公《しゅうこう》、魯公《ろこう》に謂《い》いて曰く、君子は其の親《しん》を施《す》てず。大臣《たいじん》をして以《もち》いられざるを怨《うら》ましめず。故旧《こきゅう》は大故《たいこ》なければ則ち棄てざるなり。備わるを一人に求むることなかれ。

周公旦(たん)が、その子伯禽(はくそん)が魯公となって赴任するときに訓戒して、次のように言った。君子（立派な人格者）たるべきお前は自分の親族のことを忘れてはならない。大臣たちに、自分は用いられていないと恨ましめるようなことがあってはいけない。昔からの臣下は大きな罪を犯していなければ見捨ててはいけない。一人の者に対して何もかも完全に備わっていることを求めてはいけない。

孔子の尊敬する周公旦は文王の子で周王室を完成し遂げさせた武王の弟である。武王の死後も幼い武王の子、成王を補佐して周王室の政治を固めた。自身魯公となるが、自らは赴任できないため伯禽を赴任させた。周公旦の訓戒はトップたる者の注意すべきこととして、今も大いに参考になる内容である。

□年配者に気くばりを忘れていないか。

トップたる者の注意すべきこと

- 自分の親族のことを忘れてはならない
- 大臣たちに「自分は用いられていない」と恨ましめるようなことがあってはならない
- 昔からの臣下は大きな罪でなければ見捨ててはいけない
- 一人の者にすべて完全に備わっていることを求めてはいけない

◎　子張　第十九　◎

87

子夏《しか》曰く、小道《しょうどう》と雖《いえど》も必ず観《み》るべきものあらん。遠きを致《いた》すには泥《なず》まんことを恐《おそ》る。是《これ》を以て君子は為さざるなり。

子夏は言った。各種の趣味や技芸のような小さい道でも、そこには必ず見るべきものがある。ただ、遠く大きな目標である君子(立派な人格者)の道を修めていこうとする者にとっては、それらにはまり込んでしまうと邪魔されることもあるだろう。だから君子はこのような小さな道を学ばないようにするのだ。

趣味を多く楽しむことが当たり前の現代においては、少し抵抗ある考え方かもしれない。福沢諭吉も『学問のすすめ』で言う。「人の交際を広くするには、心の中の働きをできるだけ活発にして多芸、多能を心がけて一つのことにとらわれないようにして、多方面の人と接してみることが大切である」(拙現代訳『図解・速習 学問のすすめ』参照)。

確かにそうだろうが、不器用な私は子夏の言うことにも納得する面もある。多芸は本来進むべき道や自分のなすべき本分を見えなくしたりもしかねないと思うのだ。

□多くの趣味に入れ込みすぎていないか。

88

子夏《しか》曰く、博《ひろ》く学びて篤《あつ》く志し、切《せつ》に問いて近く思う。仁、其の中に在り。

子夏は言った。広く学んで仁の道を志す理想を熱く持ち、切実な問題をとらえて自分のこととして考え抜く。学問の目的である仁は、こうしている中に見出すことができるだろう。

博学の人、子夏の言葉らしいと言える。つまり、常に問題意識を強く持って学んでいこうというのである。

□真剣に生きた学問をしているか。

学問のしかた

広く学んで理想を熱く持ち、
切実な問題を
自分のこととして考え抜く

89

子夏《しか》曰く、君子に三変《さんへん》あり。これを望めば儼然《げんぜん》たり、これに即《つ》けば温《おん》なり、其の言《げん》を聴けば厲《はげ》し。

子夏は言った。君子には、その接する人に与える三つの違った変化がある。遠くから見ていると威厳がある。近くで接してみると温和である。その言葉を聞くと厳正で凛としている。

子夏は「君子」と言うが、孔子のことを述べていると思われる。君子は人間性が広くて豊かだから様々な見方がされる。

□器を大きくしているか。

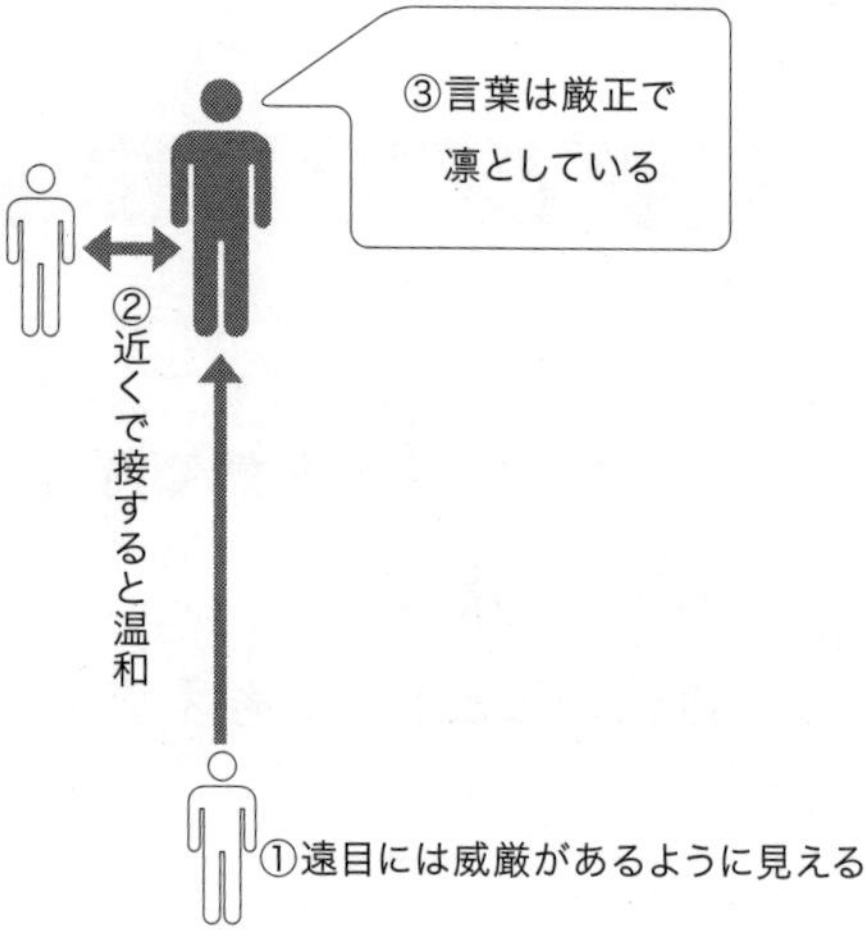

③言葉は厳正で凛としている
②近くで接すると温和
①遠目には威厳があるように見える

90

曾子《そうし》曰く、堂堂《どうどう》たるかな、張《ちょう》や。与《とも》に並んで仁を為し難《がた》し。

曾子は言った。堂々とした姿を見せるものだなあ、子張は。しかし、高ぶって外面を飾るので、一緒に修養して仁を進めようとは思わない。

どこにも見かけが立派だったり、威勢がよかったりする者がいる。いかにも実力者の風を装ったり、人格者であることを大げさに見せようとしたりする人もいる。しかし、そういう人とはともに人生を進みたいとは思わない。誠実な人こそ本物であり、ともに学んで進んでいきたい人である。

□中味より見かけが立派すぎないか。

91

子貢《しこう》曰く、君子の過《あやま》ちや、日月《じつげつ》の食《しょく》の如し。過《あやま》てば人皆《ひとみな》これを見る。更《あらた》むれば人皆《ひとみな》これを仰ぐ。

子貢は言った。君子（立派な人格者）の過ちというのは日食や月食のようなものである。隠し立てしないので誰もがそれを見てわかるし、改めると誰もがさすがに君子だと仰ぎ見るのである。

過ちは誰にでもある。あとはそれをどうやって改めるかで君子か小人かに分かれていくのである。君子は自分の人格に自信があるから、過ちを隠さず、よく反省し、それを正していくのである。

□自分の過ちを隠していないか。

ハイブロー武蔵 Highbrow Musashi

1954年福岡県生まれ。早稲田大学法学部卒業。海外ビジネスに携わった後、数社の会社を経営し、現在ビジネスエッセイストとして活躍中。読書論、ビジネス論、人生論、人間関係論、成功法則論を主なテーマとしている。著書に『希望の星を見失うな！』『読書力』『読書通』『勉強人』『生きがいの読書』『いますぐ本を書こう』『失敗力』『天国への橋』『語り継ぎたい東洋の名言88』『図解・速習 孫子の兵法』『生きる力が身につく論語三六五話』『新・いますぐ本を書こう！』（以上総合法令出版）、『ツキを絶対につかむ行動法則42』『自分を磨く読書術』（大和書房）など、訳書に『ガルシアへの手紙』『ローワン』『人生を幸せへと導く13の習慣』『若き商人への手紙』『図解・速習 新訳学問のすすめ』『図解・速習 新訳武士道』など、他、多数の共著や編著がある。

ホームページ　http://www.highbrow634.net/
ムサシの気まま日記　http://blog.livedoor.jp/highbrow_634/
お手紙のあて先
〒107-0052
東京都港区赤坂1-9-15 日本自転車会館2号館7階
総合法令出版編集部気付　ハイブロー武蔵行

不朽の古典をわかりやすい訳と図解で速習！

松陰の教え
実践の人の 55 の言葉

ハイブロー武蔵著

ISBN978-4-86280-080-0
税込価格 830 円

言志四録
佐藤一斎の教え

ハイブロー武蔵著

ISBN978-4-86280-100-5
税込価格 840 円

論語　義ノ巻
胸を張って生きるための 85 章

ハイブロー武蔵著

ISBN978-4-86280-155-5
税込価格 840 円

論語　礼ノ巻

論語　智ノ巻

孫子の兵法
人を動かす！　人生に勝つ！

ハイブロー武蔵著
叢 小榕監修

ISBN978-4-89346-911-3
税込価格　830 円

新訳　学問のすすめ
自分が何をすべきかを知る！

福沢 諭吉著
ハイブロー武蔵（現代語訳・解説）

ISBN4-89346-919-3
税込価格 893 円

新訳　武士道
日本人の精神の源流！

新渡戸 稲造著
ハイブロー武蔵（現代語訳・解説）

ISBN4-89346-940-1
税込価格 840 円

西郷隆盛の教え
西郷南洲遺訓

ハイブロー武蔵著
薩摩総合研究所「チェスト」監修

ISBN978-4-86280-094-7
税込価格 830 円

視聴覚障害その他の理由で活字のままでこの本をご利用出来ない人のために、営利を目的とする場合を除き「録音図書」「点字図書」「拡大図書」等の制作をすることを認めます。その際は著作権者、または出版社までご連絡ください。

通勤大学　図解・速習

論語　仁ノ巻

2009年6月5日　初版発行

著　者　ハイブロー武蔵
装　丁　トサカデザイン（戸倉 巌）
図　表　キタスタジオ
イラスト　藤江 俊治
発行者　野村 直克
発行所　総合法令出版株式会社
〒107-0052　東京都港区赤坂1-9-15
日本自転車会館2号館7階
電話　03-3584-9821（代）
振替　00140-0-69059

印刷・製本　中央精版印刷株式会社

ISBN978-4-86280-154-8